눈으로 듣는 빌립보서

눈으로 듣는 빌립보서

발행일	초판 1쇄 발행 2021년 11월 25일
지은이	남윤재
감수	이향숙
편집 및 기획	김찬주, 이승창
교정 및 교열	이혜정, 홍경선, 남의정, 남현정, 남유정
일러스트	김은규
디자인	전은정
펴낸이	남윤자
펴낸곳	(주) 바인일구
	등록 2020년 9월 23일 제 2020-000210호
	주소 서울 서초구 법원로3길 19 양지원 A202호(서초동)
	전화 02-575-6844
	팩스 02-6455-6844
	이메일 vine19nam@naver.com

ISBN 979-11-973818-2-9
© 남윤재, 2021

눈으로 듣는

빌립보서

남윤재 지음

바인일구

목차

2년째 코로나로 전 세계가 불안과 염려, 고통과 사망에 까지 이르는 슬픔을 경험하며 기쁨이 사라진 이런 때에 남윤재 목사님이 빌립보서를 택해서 "기쁨"을 주제로 설교를 한 것은 시대를 읽고 시대의 필요를 정확하게 보았다고 생각합니다.

빌립보의 배경을 돕기 위해 칼라 사진을 곁들여 시각적인 도움을 독자들에게 준 것은 빌립보서에 대한 이해를 한층 높여 주고 있습니다. 본 저서의 창의적인 소제목들도 빌립보서의 내용을 정확하게 전하는 역할을 하고 있습니다. 네 장밖에 안 되는 빌립보서는 바울이 감옥에서 쓴 편지로서, 어려운 여건 속에서 기쁨을 주제로 유럽의 첫 번째 교회인 빌립보교회 성도들에게 썼다는 것은 기독교인의 참된 영성을 정확하게 보여주고 있습니다. 이 기쁨은 '주 안에서' 경험하는 '기쁨' 입니다. 기쁨이란 단어가 16번이나 반복되고 있는데 한 장에 평균 네 번을 사용한 것은 감옥에서도 주님과 동행하며 얼마나 많은 기쁨을 주 안에서 경험하게 되었는지를 보여줍니다. 감옥도 바울의 기쁨을 앗아 갈 수 없었습니다. 바울의 기쁨은 상황의 지배를 받지 않고 주님 때문에 누리는 기쁨 입니다. 기쁨은 성령의 열매에서도 사랑 다음에 나타나는 영적 특징입니다.

빌립보서의 요절 4장 4절이 가슴에 깊이 다가옵니다. "주 안에서 항상 기뻐하라 내가 다시 말하노니 기뻐하라.”세상이 주는 기쁨이 아닙니다. ‘주 안에서’ 누리는 기쁨입니다. 주님 밖에서는 ‘항상’ 기뻐하는 것이 불가능합니다. 그러나 주 안에서는 기쁨이 자연스럽게 삶 속에서 나타납니다. 그 기쁨이 삶의 특징이 될 뿐 아니라 반복된 언행은 신앙인의 습관을 형성합니다. 무엇을 보아도 기쁘게 생각하고 기쁘게 해석하고 기쁘게 말하고 기쁘게 행동하고 반응하는 새로운 태도를 성령충만으로 만들어 갈 때 기쁨이 특징이 되고 습관이 될 수 있습니다. 습관이 고착되면 인격이 됩니다. 그때부터 우리는 주 안에서 ‘항상’ 기뻐하며 살아갈 수 있습니다. 얼마나 바울에게 성령충만이 습관화,인격화 되었으면 한 번도 아니고 두 번이나 반복하며 “내가 다시 말하노니 기뻐하라”며 기쁨을 신앙인의 특징, 즉 어떤 여건에서도 습관적으로 기뻐하며 살 수 있게 된다는 희망을 우리에게 주려고 했겠습니까?

남윤재 목사님은 이 주제를 저서에서 정확하면서도 쉽고 재미있게 풀어나가고 있습니다. 기쁨을 잃은 시대에 많은 사람들이 이 책을 읽고 주 안에서의 기쁨을 생활화해 가며 우리 주위에 코로나 팬데믹 대신 기쁨 팬데믹이 일어나는 기회가 되기를 바랍니다

김상복_ 할렐루야교회 원로목사, 횃불트리니티신대원대학교 명예총장

빌립보서는 사도바울의 사역 후반기에 갇힌 상태에서 쓰여진 기쁨의 서신입니다. 갇혀있는 상태에서 도리어 더욱 기뻐할 수 있다는 복음의 역설적인 진리가 드러나는 귀한 서신입니다. 복음은 사상이나 이론이 아닌 실재입니다. 바울이 경험한 십자가의 복음은 오늘 우리가 믿는 복음입니다. 바울이 갇힌 상태에서 상황을 초월하는 기쁨을 경험하였다면 우리도 동일한 기쁨을 누릴 수 있습

니다.

남윤재 목사님은 빌립보서를 특별새벽예배에서 시리즈로 강해하면서 이 복음이 주는 기쁨을 경험하고 성도들과 함께 나누었습니다. 몸과 영혼이 코로나 팬데믹으로 갇혀있는 이 시대에 남윤재 목사님의 빌립보서 강해는 생수와 같이 우리에게 복음이 주는 은혜를 나누어줍니다.

변호사로서의 논리적인 분석력과 뜨거운 열정에서 나오는 감성적인 호소력이 합하여 복음의 통로가 되고 있음을 보여주는 책입니다. 이 책을 통해 많은 분들이 복음이 주는 기쁨의 능력을 체험할 수 있기를 기도하며 추천합니다

이재훈_온누리교회 담임목사

바울의 유언, 옥중서신인 빌립보서로 새벽을 깨우며 강단에서 천국의 기쁨을 노래하시는 남윤재 목사님의 수고에 뜨거운 박수갈채를 보냅니다. 로마시민권보다 하늘의 시민권을 더 사모했기에 With corona 시대에 우리 모두의 내일을 여는 복된 말씀이라 생각하며 함께 기뻐합니다.

도전과 응전의 역사학자 아놀드 토인비는 2,000년 전 바울을 태운 배는 역사를 유럽으로 싣고 갔다고 말했습니다. 즉 사도행전의 "마게도냐로 건너와서 우리를 도우라"는 환상을 보고 아시아에서 유럽으로 복음이 전파된 사실은 세계 역사의 수레바퀴가 서쪽으로 회전하기 시작했다는 뜻일 겁니다. 바울보다 약 300년 앞선 알렉산더 대왕은 칼로 세계정복을 꿈꾸었지만 성공하지 못했습니다. 그러나 바울은 양피지 글(세상 죄를 지고 가는 하나님의 어린 양)과 자신의

피(순교)로 결국 로마를 기독교 국가로, 그리고 물이 바다를 덮음같이 온 세상 땅끝까지 복음이 증거되는 하나님의 꿈을 이루어 드렸습니다.

바울의 죄목은 '우리가 받지도 못하고 행하지도 못할 풍속을'(행16:21) 전하고, '천하를 어지럽게 하는'(행17:6), '전염병 같은'(행24:5) 사람이었습니다. 그러나 바울이 로마제국의 시위대 안에 매임으로 말미암아 도리어 권력의 중심부까지 복음 전파에 진전이 되었고, 특별히 당시 황제 집안이었던 '가이사의 집 사람들'(빌4:22) 중에도 그리스도인들이 되어 주안에서 겁 없이 하나님의 말씀을 더욱 담대히 전하게 되었습니다. 빌립보서는 바로 이 일의 증인과 같은 서신입니다.

끝으로 이 글을 읽는 독자들이 신앙의 정체성이 희미해져 가는 팬데믹 상황 속에서 거침없이 담대하게 십자가의 주님을 예배하는 좋은 그리스도의 군사들이 되기를 소망하며 기쁨으로 추천을 글을 올립니다.

임마누엘!

23년 동안 빌립보에 살았던 한국인 손영삼_예수의 교회 담임목사

남윤재 목사님께서 "눈으로 듣는 로마서"에 이어서 "눈으로 듣는 빌립보서"를 출간하신 것을 축하드립니다. 그리스도인으로서 그리고 30여년 동안 대학에서 그리스사와 로마사 관련 교육과 연구활동을 해 온 사람으로서 시간이 갈수록 저는 이스라엘 땅에서 펼쳐진 예수님의 십자가 구원 사역과 이후 지중해 세계를 뻗어나간 사도들의 선교활동이야말로 역사의 주인이신 하나님의 인간에 대한 사랑을 가장 확실하에 보여주는 증거라고 확신하게 되었습니다. 지난 10여년

동안 방학을 이용하여 예루살렘에서 시작된 복음의 씨앗이 "온 유대와 사마리아와 땅 끝까지" 전해졌던 역사적 현장을 답사하고 그 역사적 의미를 강의와 책을 통해 알리는 데 힘써 왔습니다. 남 목사님께서 이번에 빌립보서를 다룬 책을 내신다는 소식을 남윤자 선생님으로부터 듣고 그 귀한 문서 사역에 깊게 공감하게 되어 추천의 글을 쓰게 되었습니다.

다 아시는 대로 빌립보서는 사도 바울이 제 2차 선교 여행중 마케도니아 땅에 첫 발을 내딛고 유럽 땅에 세운 최초의 교회인 빌립보 교회에 보낸 편지이고 에베소서, 골로새서, 빌레몬서와 함께 바울이 로마 감옥에서 보낸 4대 옥중서신 중의 하나입니다.

알렉산드로스의 아버지 필리포스2세가 세운 도시라는 뜻에서 기원한 필리포스의 도시 필리피(빌립보)는 기원전 42년에 카이사르의 독재를 비판하며 그를 살해하는데 앞장섰던 브루투스–카시우스 군대와 카이사르의 후계 세력인 안토니우스–옥타비아누스 군대가 내전을 펼친 필리피 전투로 더욱 유명해진 도시입니다. 내전에서 승리한 옥타비아누스가 퇴역병들을 정착시킴으로써 빌립보는 로마시민권자들이 모여 사는 로마의 식민시로서 '작은 로마' 라고 부를 만큼 로마 문화가 꽃피는 도시로 발전했습니다.

서기 51년 경 사도 바울이 빌립보를 처음 방문할 때만 해도 그곳은 유대인들의 회당조차 없는 이교의 도시였는데, 하나님께서 루디아 가정, 빌립보 감옥의 간수 가정을 중심으로 교회가 서게 하시고, 그 교회가 성장하여 바울의 선교 활동을 물질과 기도로 후원하게 하시는 것을 볼 때 하나님의 구원 역사는 참으로 위대하다는 것을 느끼게 됩니다.

로마의 옥중에서 고난당하면서도 빌립보 교인들에게 하나님 나라 시민권자로서 참기쁨과 소망을 갖도록 격려하는 내용을 담은 빌립보서는 장기화된 코로나 위기 속에서 낙심과 상실감, 현재와 미래에 대한 두려움 속에서 살아가는 우리 그리스도인들에게 큰 힘을 주리라 믿습니다. 특히 빌립보의 역사에 대한 자세한 설명과 빌립보 유적지의 현재 모습을 찍은 사진들은 바울의 선교활동과 한 시대를 살았던 신앙의 선배들의 삶의 현장을 생생하게 전달하는 효과가 있을 것입니다. 이 귀한 책에 제가 2013년 1월 8일 빌립보 유적지를 직접 답사하고 찍은 유적지 사진들을 담을 수 있어서 더욱 기쁩니다.

무엇보다도 이 책의 장점은 빌립보서의 핵심 내용을 하나님 나라 시민권과 하나님이 주시는 참 기쁨이라는 키워드로 풀어줌으로써 물질 만능주의 속에서 빠져 사는 우리의 믿음 생활을 돌아보게 한다는 것입니다. 또한 그리스도교의 복음의 진수가 무엇인지를 알고자 하는 비그리스도인들에게도 빌립보에서 일어났던 구원의 역사가 오늘날도 세계 곳곳에서 일어나고 있음을 알리는 기회가 되리라 믿습니다. 하나님께서 이 책을 사용하셔서서 길을 헤메고 방황하던 잃어버린 양들이 하나님께로 돌아오는 역사가 많이 일어나기를 기도합니다.

김덕수_서울대학교 교수

남윤재 목사님의 첫번째 설교집 '눈으로 듣는 로마서'을 읽으며 어렵다고 생각되던 기독교 교리와 실천에 대한 내용들이 이해하기 쉽고 재미있게 정리가 잘되어서, 목사님의 다음 책은 무엇일까? 기대하던 차에 두번째 설교집으로 '눈으로 듣는 빌립보서'를 대하는 기쁨이 큽니다. 빌립보서는 바울이 로마감옥에 갇혀있을 때 그의 사역을 진심으로 도와주었던 사랑하는 빌립보교회에게 사랑과 감사를 담아 쓴 편지입니다. 목사님은 빌립보서를 '그리스도인의 기쁨'이라는 큰 주제아래 우리가 누구인지, 왜 기쁨을 잃어버리는지, 그리고 어떻게 해야 늘 기뻐하며 살 수 있는지 등 다양한 관점에서 이 책을 풀어나가셨습니다.

이 책의 특징은 빌립보서의 각 절을 원어의 의미 설명과 함께 실제 생활의 예를 들어가며 참 이해하기 쉽게 풀어서 설명하였다는 점입니다. 그래서 말씀 한 귀절마다 주옥 같은 진리가 숨어있음을 찾아내는 재미가 있습니다. 그리고 주어진 메시지를 각 장의 기도문을 통해 삶에 적용하고 교회와 성도를 위해 기도할 수 있어 기도가 풍성하고 깊어지는 점도 매우 좋습니다.

빌립보를 쓸 때 바울이 로마감옥에 갇혀 있었던 것처럼 우리도 요즘 코로나 팬데믹이라는 보이지 않는 감옥에 갇혀 지내는 상황에서 무기력해지고 기쁨을 잃어버리기 쉽습니다. 그래서 이 책에서 강조하고자 했던 〈예수 그리스도를 믿는 자들이 누리는 진정한 기쁨〉이라는 화두는 정말 절실한 주제로 마음에 다가왔습니다. 기쁨은 노력한다고 쉽게 얻어지지 않습니다. 그리고 잠시 느끼지만 곧 사라지는 기쁨은 진정한 기쁨이 아닙니다. 내가 노력했으나 얻지 못하고 길이 누리지 못했던 기쁨을 누리고 싶은 분들은 이 책을 읽으며 진정한 기쁨을 회복하시기 바랍니다.

김찬주_ 온누리교회 권사, 인천대학교 명예교수

프롤로그

빌립보 교회는 사도 바울이 제2차 전도여행 기간 중 마게도냐 지방에 처음으로 세운 교회로서 유럽 최초의 교회입니다. 사도행전 16장은 빌립보 교회가 세워지는 내용을 비교적 자세히 기록하고 있습니다. 간략히 살펴보면 사도 바울은 드로아에 있을 당시 환상 중에 마게도냐로 건너가 도우라는 성령의 인도하심에 따라 마게도냐의 첫 성 빌립보에 들어가 복음을 전하였습니다(행 16:7-12). 바울은 빌립보에서 자색 옷감 장수 루디아를 만나 그녀의 집에서 교회를 시작하였으며, 귀신 들려 점치는 여종에게서 귀신을 쫓아내었습니다. 그런데 그 일을 빌미로 바울과 실라는 매를 많이 맞은 후 빌립보 감옥에 갇히게 됩니다. 그곳에서 찬송과 기도 중 옥문이 열리고 발에 채운 쇠사슬이 풀리는 기적이 있게 되고, 감옥의 간수와 그 가족이 복음을 듣고 세례를 받습니다. 자색 옷감 장수 루디아와 점치는 소녀, 빌립보 감옥의 간수와 그 가족들이 루디아의 집에서 모이기 시작한 것이 마게도냐 최초의 교회인 빌립보 교회인 것입니다.

이렇게 세워진 빌립보 교회는 비록 적은 수로 시작했지만 열심히 주를 섬겼습니다. 특히 그들은 사도 바울과 친밀한 관계를 유지하였는데 자신들이 궁핍하였음에도(고후 8:1, 2), 바울의 사역을 돕기 위해 수차례에 걸쳐 헌물을 보내기도 하였습니다. 이처럼 바울에 대하여 특별한 애정을 가진 빌립보 교인들은 사도 바울이 로마 감옥에 갇혔다는 소식을 듣고 헌금을 모아 에바브로디도 편에 바울에게 보내고, 에바브로디도로 하여금 투옥 중인 바울을 돌보게 하였습니다. 바울은 빌립보 교인들의 사랑으로 인해 큰 기쁨을 얻었으며 또한 에바브로디도를 통해 빌립보 교회의 소식을 들었습니다. 그런데 그곳에 머물며 바울을 돕던 에바브로디도가 병들어 중태에 빠졌고, 이 일은 바울뿐 아니라 에바브로디도를 로마로 보낸 빌립보 교인들을 근심케 하였습니다. 그러나 다행히도 에바브로디도가 회복되었고, 이에 바울은 그를 빌립보로 돌려 보내면서 그간 빌립보 교인들이 자신에게 베풀어준 호의에 감사하며 자신의 투옥으로 근심하는 그들을 안심시키고 도리어 격려하고자 한 것이 사도 바울이 본 서신을 쓰게 된 직접적인 동기입니다.

빌립보서의 가장 큰 주제는 '기쁨'입니다. 본서에는 '기쁨'이란 말이 16번이나 나옵니다. 그래서 흔히들 빌립보서를 가리켜 '기쁨의 서신'이라고 부릅니다. 그럼 '기쁨'이라는 것이 무엇일까요? 빌립보 도시의 시민들은 자신들이 로마 시민권자인 것에 대하여 대단히 자부심이 강하였습니다. 빌립보에는 금광이 있었으며, 아시아와 유럽을 잇는 교통 요충지로서 매우 부유한 도시였습니다. 신분적으로는 로마 시민이요, 경제적으로도 풍족한 시민들입니다. 빌립보 시민들에게는 그것이 기쁨이었습니다. 그런데 어느날 갑자기 사도 바울이 등장하여 자신들이 전부라고 생각했던 로마시민권 및 풍요로움과는 다른 것을 전하기 시작하였습니다. 그들이 바울을 매로 치고 감옥에 가둔 이유에 대하여 성경은 '로마 시민인 우리가 받지도 못하고 행하지도 못할 풍속을 전한다'라고 기록합니다 (행16:21). 로마 시민으로서 자긍심이 가득하였던 사람들은 바울이 전하는 복음을 받지도 못하고 행하지도 못할 것입니다. 세상이라고 칭하여지는 공중권세 잡은 자가 주는 세상의 지위와 세상의 부요함으로부터 기쁨을 얻는 자들에게 복음은 도전장을 던집니다.

빌립보서에서 바울이 로마 시민에 대비하여 하나님 나라 시민을 강조하는 것은 이런 이유에서 입니다. 빌립보 도시에 살고 있는 빌립보 교인들에게 바울은 '우리의 시민권은 하늘에 있는지라 (빌3:20)' 라는 말로 성도의 기쁨은 로마시민이기 때문이 아니라 하나님 나라 시민이기 때문에 누릴 수 있다고 강조합니다. 빌립보 교회는 이방여인 루디아, 점치는 소녀, 감옥의 간수와 그 가족들처럼 자라온 배경과 삶의 상황이 각각 다른 성도들로 이루어졌습니다. 예전엔 각자 시민권이 다르기에 누리는 기쁨의 내용도 다를 수밖에 없었습니다. 그러나 그들의 기쁨은 더 이상 세상의 지위와 부요함에 머물러 있지 않습니다.

성도의 기쁨은 홀로 누리는 기쁨이 아닙니다. 나와 내 가족들만 배부르고, 잘살아서 갖게 되는 세상 기쁨이 아닙니다. 하나님 나라 시민의 기쁨이란 성도 간의 교제와 연합으로 누릴 수 있는 기쁨입니다. 세상의 지위를 차지하여 갖는 기쁨이 아니라 자기보다 남을 낮게 여김으로 누리는 기쁨입니다(빌 2:3, 4). 그 기쁨의 예로서 바울은 자신을 섬기는 에바브로디도의 헌신에서 발견합니다. 빌립보 교인들이 바울과 에바브로디도를 사모하며 근심하는 성도 간의 사랑의 나눔에서 하나님 나라 시민의 기쁨이 무엇인지를 확인합니다.

사도 바울은 빌립보서를 로마 감옥에서 기록하였습니다. 비록 로마시는 하나님 나라 시민인 바울을 가두었지만, 그가 누리는 하나님 나라 시민으로서의 기쁨을 빼앗을 수 없었습니다. 바울은 로마 감옥에 갇혀 있지만 하나님 나라 시민으로서 누리는 더할 수 없는 기쁨을 빌립보 교회에 보내는 편지를 통해 표현하고 있습니다. 그리고 그 기쁨을 빌립보 교인들도 함께 누리길 간절히 희망합니다.

코로나 팬데믹으로 전 세계가 사회적 고립과 혼란을 겪고 일상에서 기쁨을 잃고 있는 지금, 과연 우리 그리스도인들은 어디서 기쁨을 찾을 수 있을까요? 그 답으로 빌립보서에 담긴 내용 가운데 특별히 기쁨이란 주제를 다루며 우리가 잃어버리고 있는 기쁨을 다시 회복하길 원합니다. 그런데 '과연 우리는 무엇으로 기뻐하는가?' 라는 질문 이전에 '우리의 시민권이 어디에 있는가?' 라는 질문을 스스로에게 던져보길 바랍니다. 빌립보서를 읽으며 더 이상 로마시민권과 같은 이 세상의 시민권에 만족하지 말고 하나님 나라 시민인 것에 대하여 진심으로 감사합시다. 우리 모두의 귓전에 '주 안에서 항상 기뻐하라 내가 다시 말하노니 기뻐하라 (빌 4:4)' 는 바울의 기쁨에 찬 외침이 크게 들렸으면 좋겠습니다.

참고로 이 설교는 개역개정 성경을 사용하였으며, WBC주석, NIV 적용주석, IVP 성경주석, 옥스퍼드 원어성경대전 등을 참고하였음을 밝혀 둡니다.

책이 나오기까지 수고해주신 여러분들께 진심으로 감사를 드립니다. 특히 기쁜 마음으로 '눈으로 듣는 빌립보서' 를 추천해 주신 김상복목사님, 이재훈목사님, 김찬주권사님과 귀한자료를 제공해주시고 자문해주신 손영삼목사님과 김덕수교수님께 깊이 감사드립니다. 출판을 허락해 주신 ㈜바인일구 출판사 남윤자 대표님, 그리고 책을 만드는 일에 헌신해 주신 김찬주권사님, 이승창목사님, 김은규자매님, 이혜정자매님, 책을 예쁘게 만들어 주신 전은정간사님께 감사드립니다.

2021년 10월 산지교회에서

남윤재 목사

1부

빌립보서
전체읽기

1

빌립보서

인사

1 그리스도 예수의 종 바울과 디모데는 그 리스도 예수 안에서 빌립보에 사는 모든 성도와 또한 감독들과 집사들에게 편지하노니

2 하나님 우리 아버지와 주 예수 그리스도로부터 은혜와 평강이 너희에게 있을지어다

빌립보 성도들을 생각하며 간구하다

3 내가 너희를 생각할 때마다 나의 하나님께 감사하며

4 간구할 때마다 너희 무리를 위하여 기쁨으로 항상 간구함은

5 너희가 첫날부터 이제까지 복음을 위한 일에 참여하고 있기 때문이라

6 너희 안에서 착한 일을 시작하신 이가 그리스도 예수의 날까지 이루실 줄을 우리는 확신하노라

7 내가 너희 무리를 위하여 이와 같이 생각하는 것이 마땅하니 이는 너희가 내 마음에 있음이며 나의 매임과 복음을 변명함과 확정함에 너희가 다 나와 함께 은혜에 참여한 자가 됨이라

8 내가 예수 그리스도의 심장으로 너희 무리를 얼마나 사모하는지 하나님이 내 증인이시니라

9 내가 기도하노라 너희 사랑을 지식과 모든 총명으로 점점 더 풍성하게 하사

10 너희로 지극히 선한 것을 분별하며 또 진실하여 허물 없이 그리스도의 날까지 이르고

11 예수 그리스도로 말미암아 의의 열매가 가득하여

하나님의 영광과 찬송이 되기를 원하노라

바울의 매임과 복음 전파

12 형제들아 내가 당한 일이 도리어 복음 전파에 진전
이 된 줄을 너희가 알기를 원하노라

13 이러므로 나의 매임이 그리스도 안에서 모든 시위
대 안과 그 밖의 모든 사람에게 나타났으니

14 2)형제 중 다수가 나의 매임으로 말미암아 주 안에
서 신뢰함으로 겁 없이 하나님의 말씀을 더욱 담대히 전
하게 되었느니라

15 어떤 이들은 투기와 분쟁으로, 어떤 이들은 착한 뜻
으로 그리스도를 전파하나니

16 이들은 내가 복음을 변증하기 위하여 세우심을 받
은 줄 알고 사랑으로 하나

17 그들은 나의 매임에 괴로움을 더하게 할 줄로 생각
하여 순수하지 못하게 다툼으로 그리스도를 전파하느니
라

18 그러면 무엇이냐 겉치레로 하나 참으로 하나 무슨
방도로 하든지 전파되는 것은 그리스도니 이로써 나는
기뻐하고 또한 기뻐하리라

19 이것이 너희의 간구와 예수 그리스도의 성령의 도
우심으로 나를 구원에 이르게 할 줄 아는 고로

20 나의 간절한 기대와 소망을 따라 아무 일에든지 부
끄러워하지 아니하고 지금도 전과 같이 온전히 담대하
여 살든지 죽든지 내 몸에서 그리스도가 존귀하게 되게
하려 하나니

21 이는 내게 사는 것이 그리스도니 죽는 것도 유익함이라

22 그러나 만일 육신으로 사는 이것이 내 일의 열매일진대 무엇을 택해야 할는지 나는 알지 못하노라

23 내가 그 둘 사이에 끼었으니 차라리 세상을 떠나서 그리스도와 함께 있는 것이 훨씬 더 좋은 일이라 그렇게 하고 싶으나

24 내가 육신으로 있는 것이 너희를 위하여 더 유익하리라

25 내가 3)살 것과 너희 믿음의 진보와 기쁨을 위하여 너희 무리와 함께 거할 이것을 확실히 아노니

26 내가 다시 너희와 같이 있음으로 그리스도 예수 안에서 너희 자랑이 나로 말미암아 풍성하게 하려 함이라

27 오직 너희는 그리스도의 복음에 합당하게 4)생활하라 이는 내가 너희에게 가 보나 떠나 있으나 너희가 5)한 마음으로 서서 한 뜻으로 복음의 신앙을 위하여 협력하는 것과

28 무슨 일에든지 대적하는 자들 때문에 두려워하지 아니하는 이 일을 듣고자 함이라 이것이 그들에게는 멸망의 증거요 너희에게는 구원의 증거니 이는 하나님께로부터 난 것이라

29 그리스도를 위하여 너희에게 은혜를 주신 것은 다만 그를 믿을 뿐 아니라 또한 그를 위하여 고난도 받게 하려 하심이라

30 너희에게도 그와 같은 싸움이 있으니 너희가 내 안에서 본 바요 이제도 내 안에서 듣는 바니라

2
빌립보서

그리스도의 겸손

1 그러므로 그리스도 안에 무슨 권면이나 사랑의 무슨 위로나 성령의 무슨 교제나 긍휼이나 자비가 있거든

2 마음을 같이하여 같은 사랑을 가지고 뜻을 합하며 한마음을 품어

3 아무 일에든지 다툼이나 허영으로 하지 말고 오직 겸손한 마음으로 각각 자기보다 남을 낫게 여기고

4 각각 자기 일을 돌볼뿐더러 또한 각각 다른 사람들의 일을 돌보아 나의 기쁨을 충만하게 하라

5 너희 안에 이 마음을 품으라 곧 그리스도 예수의 마음이니

6 그는 근본 하나님의 본체시나 하나님과 동등됨을 취할 것으로 여기지 아니하시고

7 오히려 자기를 비워 종의 형체를 가지사 사람들과 같이 되셨고

8 사람의 모양으로 나타나사 자기를 낮추시고 죽기까지 복종하셨으니 곧 십자가에 죽으심이라

9 이러므로 하나님이 그를 지극히 높여 모든 이름 위에 뛰어난 이름을 주사

10 하늘에 있는 자들과 땅에 있는 자들과 땅 아래에 있는 자들로 모든 무릎을 예수의 이름에 꿇게 하시고

11 모든 입으로 예수 그리스도를 주라 시인하여 하나님 아버지께 영광을 돌리게 하셨느니라

하나님의 흠 없는 자녀로 살라

12 그러므로 나의 사랑하는 자들아 너희가 나 있을 때뿐 아니라 더욱 지금 나 없을 때에도 항상 복종하여 두렵고 떨림으로 너희 구원을 이루라

13 너희 안에서 행하시는 이는 하나님이시니 자기의 기쁘신 뜻을 위하여 너희에게 소원을 두고 행하게 하시나니

14 모든 일을 원망과 시비가 없이 하라

15 이는 너희가 흠이 없고 순전하여 어그러지고 거스르는 세대 가운데서 하나님의 흠 없는 자녀로 세상에서 그들 가운데 빛들로 나타내며

16 생명의 말씀을 밝혀 나의 달음질이 헛되지 아니하고 수고도 헛되지 아니함으로 그리스도의 날에 내가 자랑할 것이 있게 하려 함이라

17 만일 너희 믿음의 제물과 섬김 위에 내가 나를 전제로 드릴지라도 나는 기뻐하고 너희 무리와 함께 기뻐하리니

18 이와 같이 너희도 기뻐하고 나와 함께 기뻐하라

디모데와 에바브로디도

19 내가 디모데를 속히 너희에게 보내기를 주 안에서 바람은 너희의 사정을 앎으로 안위를 받으려 함이니

20 이는 뜻을 같이하여 너희 사정을 진실히 생각할 자가 이밖에 내게 없음이라

21 그들이 다 자기 일을 구하고 그리스도 예수의 일을 구하지 아니하되

22 디모데의 연단을 너희가 아나니 자식이 아버지에게

함같이 나와 함께 복음을 위하여 수고하였느니라

23 그러므로 내가 내 일이 어떻게 될지를 보아서 곧 이 사람을 보내기를 바라고

24 나도 속히 가게 될 것을 주 안에서 확신하노라

25 그러나 에바브로디도를 너희에게 보내는 것이 필요한 줄로 생각하노니 그는 나의 형제요 함께 수고하고 함께 군사 된 자요 너희 사자로 내가 쓸 것을 돕는 자라

26 그가 너희 무리를 간절히 사모하고 자기가 병든 것을 너희가 들은 줄을 알고 심히 근심한지라

27 그가 병들어 죽게 되었으나 하나님이 그를 긍휼히 여기셨고 그뿐 아니라 또 나를 긍휼히 여기사 내 근심 위에 근심을 면하게 하셨느니라

28 그러므로 내가 더욱 급히 그를 보낸 것은 너희로 그를 다시 보고 기뻐하게 하며 내 근심도 덜려 함이니라

29 이러므로 너희가 주 안에서 모든 기쁨으로 그를 영접하고 또 이와 같은 자들을 존귀히 여기라

30 그가 그리스도의 일을 위하여 죽기에 이르러도 자기 목숨을 돌보지 아니한 것은 나를 섬기는 너희의 일에 부족함을 채우려 함이니라

3
빌립보서

하나님께로부터 난 의

1 끝으로 나의 형제들아 주 안에서 기뻐하라 너희에게 같은 말을 쓰는 것이 내게는 수고로움이 없고 너희에게는 안전하니라

2 개들을 삼가고 행악하는 자들을 삼가고 몸을 상해하

는 일을 삼가라

3 하나님의 성령으로 봉사하며 그리스도 예수로 자랑하고 육체를 신뢰하지 아니하는 우리가 곧 할례파라

4 그러나 나도 육체를 신뢰할 만하며 만일 누구든지 다른 이가 육체를 신뢰할 것이 있는 줄로 생각하면 나는 더욱 그러하리니

5 나는 팔일 만에 할례를 받고 이스라엘 족속이요 베냐민 지파요 히브리인 중의 히브리인이요 율법으로는 바리새인이요

6 열심으로는 교회를 박해하고 율법의 의로는 흠이 없는 자라

7 그러나 무엇이든지 내게 유익하던 것을 내가 그리스도를 위하여 다 해로 여길뿐더러

8 또한 모든 것을 해로 여김은 내 주 그리스도 예수를 아는 지식이 가장 고상하기 때문이라 내가 그를 위하여 모든 것을 잃어버리고 배설물로 여김은 그리스도를 얻고

9 그 안에서 발견되려 함이니 내가 가진 의는 율법에서 난 것이 아니요 오직 그리스도를 믿음으로 말미암은 것이니 곧 믿음으로 하나님께로부터 난 의라

10 내가 그리스도와 그 부활의 권능과 그 고난에 참여함을 알고자 하여 그의 죽으심을 본받아

11 어떻게 해서든지 죽은 자 가운데서 부활에 이르려 하노니

12 내가 이미 얻었다 함도 아니요 온전히 이루었다 함도 아니라 오직 내가 그리스도 예수께 잡힌 바 된 그것을

잡으려고 달려가노라

13 형제들아 나는 아직 내가 잡은 줄로 여기지 아니하고 오직 한 일 즉 뒤에 있는 것은 잊어버리고 앞에 있는 것을 잡으려고

14 푯대를 향하여 그리스도 예수 안에서 하나님이 위에서 부르신 부름의 상을 위하여 달려가노라

15 그러므로 누구든지 우리 온전히 이룬 자들은 이렇게 생각할지니 만일 어떤 일에 너희가 달리 생각하면 하나님이 이것도 너희에게 나타내시리라

16 오직 우리가 어디까지 이르렀든지 그대로 행할 것이라

우리의 시민권은 하늘에

17 형제들아 너희는 함께 나를 본받으라 그리고 너희가 우리를 본받은 것처럼 그와 같이 행하는 자들을 눈여겨 보라

18 내가 여러 번 너희에게 말하였거니와 이제도 눈물을 흘리며 말하노니 여러 사람들이 그리스도의 십자가의 원수로 행하느니라

19 그들의 마침은 멸망이요 그들의 신은 배요 그 영광은 그들의 부끄러움에 있고 땅의 일을 생각하는 자라

20 그러나 우리의 시민권은 하늘에 있는지라 거기로부터 구원하는 자 곧 주 예수 그리스도를 기다리노니

21 그는 만물을 자기에게 복종하게 하실 수 있는 자의 역사로 우리의 낮은 몸을 자기 영광의 몸의 형체와 같이 변하게 하시리라

4

1 그러므로 나의 사랑하고 사모하는 형제들, 나의 기쁨이요 면류관인 사랑하는 자들아 이와 같이 주 안에 서라

권면

2 내가 유오디아를 권하고 순두게를 권하노니 주 안에서 같은 마음을 품으라

3 또 참으로 나와 멍에를 같이한 네게 구하노니 복음에 나와 함께 힘쓰던 저 여인들을 돕고 또한 글레멘드와 그 외에 나의 동역자들을 도우라 그 이름들이 생명책에 있느니라

4 주 안에서 항상 기뻐하라 내가 다시 말하노니 기뻐하라

5 너희 관용을 모든 사람에게 알게 하라 주께서 가까우시니라

6 아무 것도 염려하지 말고 다만 모든 일에 기도와 간구로, 너희 구할 것을 감사함으로 하나님께 아뢰라

7 그리하면 모든 지각에 뛰어난 하나님의 평강이 그리스도 예수 안에서 너희 마음과 생각을 지키시리라

8 끝으로 형제들아 무엇에든지 참되며 무엇에든지 경건하며 무엇에든지 옳으며 무엇에든지 정결하며 무엇에든지 사랑 받을 만하며 무엇에든지 칭찬 받을 만하며 무슨 덕이 있든지 무슨 기림이 있든지 이것들을 생각하라

9 너희는 내게 배우고 받고 듣고 본 바를 행하라 그리하면 평강의 하나님이 너희와 함께 계시리라

빌립보 사람들의 선물

10 내가 주 안에서 크게 기뻐함은 너희가 나를 생각하던 것이 이제 다시 싹이 남이니 너희가 또한 이를 위하여 생각은 하였으나 기회가 없었느니라

11 내가 궁핍하므로 말하는 것이 아니니라 어떠한 형편에든지 나는 자족하기를 배웠노니

12 나는 비천에 처할 줄도 알고 풍부에 처할 줄도 알아 모든 일 곧 배부름과 배고픔과 풍부와 궁핍에도 처할 줄 아는 일체의 비결을 배웠노라

13 내게 능력 주시는 자 안에서 내가 모든 것을 할 수 있느니라

14 그러나 너희가 내 괴로움에 함께 참여하였으니 잘하였도다

15 빌립보 사람들아 너희도 알거니와 복음의 시초에 내가 마게도냐를 떠날 때에 주고 받는 내 일에 2)참여한 교회가 너희 외에 아무도 없었느니라

16 데살로니가에 있을 때에도 너희가 한 번뿐 아니라 두 번이나 나의 쓸 것을 보내었도다

17 내가 선물을 구함이 아니요 오직 너희에게 유익하도록 풍성한 열매를 구함이라

18 내게는 모든 것이 있고 또 풍부한지라 에바브로디도 편에 너희가 준 것을 받으므로 내가 풍족하니 이는 받으실 만한 향기로운 제물이요 하나님을 기쁘시게 한 것이라

19 나의 하나님이 그리스도 예수 안에서 영광 가운데 그 풍성한 대로 너희 모든 쓸 것을 채우시리라

20 하나님 곧 우리 아버지께 세세 무궁하도록 영광을
돌릴지어다 아멘

끝 인사

21 그리스도 예수 안에 있는 성도에게 각각 문안하라
나와 함께 있는 형제들이 너희에게 문안하고
22 모든 성도들이 너희에게 문안하되 특히 가이사의 집
사람들 중 몇이니라
23 주 예수 그리스도의 은혜가 너희 심령에 있을지어다

2부

유럽 선교의
전초기지
빌립보교회

2부 _ 유럽 선교의 전초기지 빌립보교회

무시아를 지나 드로아로 내려갔는데 밤에 환상이 바울에게 보이니 마게도냐
사람 하나가 서서 그에게 향하여 이르되 마게도냐로 건너와서 우리를 도우라
하거늘 바울이 그 환상을 보았을 때에 우리가 곧 마게도냐로 떠나기를 힘쓰니
이는 하나님이 저 사람들에게 복음을 전하라고 우리를 부르신 줄로 인정함이
러라 행 16:8-10

   사도 바울은 제2차 전도여행 중 (A.D.50-52년경) 실라와 디모데, 누가와
함께 성령의 지시에 따라 오늘의 터키 서해안에 자리잡은 알렉산드리아 드
로아(트로이)에 교회를 세웠습니다. 알렉산드리아 드로아는 호메로스의 대
서사시에 등장하는 '트로이의 목마' 로 유명한 호메로스의 트로이가 퇴적작
용으로 항구 기능을 상실하자 기원전 306년 알렉산드로스 대제의 장군 안
티고노스가 건설한 항구도시입니다. 호메로스의 트로이 남방 16 km 지점
에 있었고, 당시 아시아와 유럽을 연결하는 교통상의 요충지였습니다. 그곳
에서 바울은 '이리로 와서 도와달라' 는 마게도니아 사람의 환상을 보고 제
2차 복음전도의 일정을 중간에 바꾸어 에게해를 건너 그리스 북부 네아폴리
스(오늘의 카발라)항구에 입항하여 마게도니아 땅을 밟게 됩니다. 바울 일행
은 네아폴리스에서 북쪽 내륙으로 16km떨어진 레카니스(Lekanis) 산을 중
심으로 자리잡은 빌립보(필리피)에 도착하며 유럽 최초의 선교를 펼쳐나가
게 됩니다.

'눈으로 듣는 빌립보서'의 여정을 떠나기 전 유럽 선교의 전초지가 된 빌립보가 품고 있는 역사 속으로 잠시 들어가 보겠습니다.

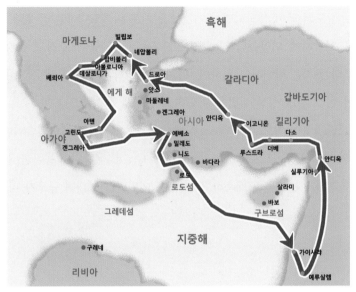

바울의 2차 전도여행

1. 최초의 이름 크레니데스에서 빌립보로 (B.C. 359 ~ B.C. 356)

빌립보는 B.C. 359년 아테네에서 추방당한 정치가 칼리스트라토스(Kallistratos)가 그리스인들과 함께 건설한 도시로, 주변에 '샘'(우물)이 많아, '작은 우물'이라는 뜻의 '크레니데스'(Krenides)라고 불렸습니다.

그 후 B.C. 356년 알렉산드로스 대왕(Alexander the Great)의 아버지인 필리포스 2세(Philippos II)가 이곳을 점령한 뒤 자신의 이름을 따서 빌립보(Philippi:필리포스의 도시)라고 명명하였습니다. 빌립보는 금광으로 유명했으며 이곳에서 필리포스 2세의 이름이 새겨진 금화가 발행되었습니다. 빌립보의 서쪽에 위치한 해발 1,956m의 팡게오(Pangeo) 산에서 연간 1천 달란트 정도의 금이 생산되면서 이것을 근거로 마케도니아는 금 본위 화폐 경제를 시작하게 되었습니다. 필리포스 2세는 금광을 보호하고 동방지역 으로부터 공격을 방어하기 위하여 이 지역에 성곽을 두르고 새로운 요새를 만들어 이 도시의 성장 기반을 마련하고 군대를 육성했으나 파우사니아스 (Pausanias)의 반역으로 에게(Aege)에서 B.C.336년에 살해당했습니다. 그 후 그의 아들 알렉산드로스(Alexander The Great)가 왕위에 등극한 후에는 더욱 화려하게 빌립보를 개축하고 더 많은 이민단을 보내며 규모가 더 커졌 습니다.

2. 로마의 빌립보 점령 (B.C. 168)

B.C. 168년경 로마의 집정관 애밀리우스 파울루스(Aemilius Paulus)는 마 케도니아의 마지막 왕인 페르세우스(Perseus)를 무찌르고 빌립보와 그 주변 지역을 점령했습니다. B.C. 167년 이 지역을 4분하여 빌립보가 속한 제1지 역의 수도를 암비볼리(Amphipolis)로 정했습니다. 그 후 B.C.146년에 재편 제하며 4지역을 통합하여 하나의 '마케도니아 지방'으로 만들고 데살로니 카(Thessalonica)를 수도로 삼았습니다.

3. 빌립보를 통과하는 에그나티아 가도 (B.C. 146 ~ B.C. 120)

로마의 도로는 고대 로마 성장에 중요한 역할을 해왔습니다. 잘 만들어진 도로 덕분에 로마인은 군대 이동과 물자 교역, 소식 전달을 용이하게 수행할 수 있었습니다. 로마 최초의 도로는 B.C.312년 로마를 출발점으로 B.C.264년 이탈리아 동남쪽 끝에 있는 브린디시움 항구까지 이어지는 아피아 가도입니다.

로마와 아시아를 잇는 에그나티아 가도는 B.C. 146년 마케도니아 지역을 통합한 후부터 만들기 시작하여 B.C.120년에 완공되었습니다. 에그나티아 가도는 무역과 군사용으로 포장 건설된 길로 콘스탄티노폴리스(현재 이름은 비잔티움)에서 로마까지 연결되어 있는 총 길이 860 km에 달하는 긴 도로입니다. 오늘날 이스탄불에서 빌립보, 네압볼리, 암비볼리, 아볼로니아, 데살로니카, 펠라를 지나 알바니아의 아드리아해를 건너 이탈리아 브린디시움까지 연결되며 브린디시움에서 로마까지는 아피아 가도와 연결되어 있습니다. 특히 빌립보 도심을 지나는 부분의 에그나티아 가도는 폭이 약 9m나 되는 상당히 넓은 도로로 중앙에 중앙분리대도 있고 마차운행 시 상대방의 채찍질을 피할 수 있게 좌측통행으로 다녔습니다.

사도 바울은 에그니티아 가도를 따라 그리스 북쪽 마케도냐 지방의 도시들을 순회하며 초대 이방교회들을 세워나갔습니다.

4. 빌립보에서의 전투 (B.C. 42)

빌립보는 B.C. 42년 로마에 내전이 일어나 율리우스 카이사르를 살해하고 도주한 브루투스와 카시우스의 군대와 이들을 처단하기 위해 로마에서 파병

된 옥타비아누스와 안토니우스의 군대가 대규모 전투를 벌였던 곳으로 유명합니다. 브루투스쪽은 17개 군단으로 10만대군, 옥타비아누스와 안토니우스쪽은 19개 군단으로 10만대군이 넘는 엄청난 규모로 두 번에 걸친 격전을 벌이며 많은 희생자를 냈습니다.

첫 번째 전투는 기원전 42년 10월 3일에 벌어졌습니다. 빌립보 왼쪽의 평원에서 옥타비아누스와 브루투스 군이 진영을 사이에 두고 대진했고 좀 더 남쪽에서 안토니우스와 카시우스가 각각 진영을 편성하고 있었습니다. 먼저 승기를 잡은 것은 브루투스 군이었습니다. 브루투스는 옥타비아누스 군의 진지를 급습하고 물리치는 데 성공했으나 옥타비아누스를 잡지는 못했습니다. 고대의 기록에는 옥타비아누스가 전날 밤 꿈에 적의 급습을 예언받고 몸을 미리 피했다고 합니다.

한편 카시우스 군은 강력한 진지를 구축하고 안토니우스의 도전에 응하지 않고 있다가 안토니우스의 전략에 말려 진지를 비웠다가 결국 진지를 빼앗기고 말았습니다. 병력을 잃은 카시우스는 브루투스의 전투결과를 보려했으나 자욱한 먼지 때문에 미처 브루투스가 승리한 사실을 몰랐습니다. 카시우스는 브루투스도 패배한 것으로 오판하고 노예로 하여금 자신을 죽이도록 명해서 최후를 맞이했습니다. 카시우스의 죽음을 알게 된 브루투스는 그의 시신을 보며 '최후의 로마인'이라며 애통해했지만 병사들의 사기가 떨어지는 것을 염려하여 공개적으로 장례를 치르지는 않았습니다.

두 번째 전투는 첫 번째 전투가 벌어진 지 대략 20일 이후에 일어났습니다. 브루투스는 전투경험이 부족하여 그 기간 아무런 대비 없이 진영에만 머물러 있었고 옥타비아누스와 안토니우스 연합군은 전열을 정비하여 공격해 왔습니다. 브루투스 군은 이에 맞서 격전을 벌였지만 결국 무너져 버렸고, 브루투스는 자결을 했습니다.

빌립보에서의 전투 이후 빌립보시는 '필리피전투 승리를 기념하는 로마의 식민시'(Colonia Victrix Philippensium)로 개명되었습니다.

이 전투의 승리로 안토니우스와 옥타비아누스는 카이사르의 암살파를 완전히 제거하고 각각 로마의 권력을 잡기 위한 경쟁에 돌입했습니다. B.C. 31년경 악티움 해전에서 옥타비아누스가 안토니우스와 클레오파트라 7세의 연합군에게 승리했습니다. 알렉산드리아로 달아난 두 사람은 이듬해 알렉산드리아 전투에서 또다시 옥타비아누스에게 패배했으며 이로써 로마의 내전이 종식되고 안토니우스와 클레오파트라 7세는 자살로 생을 마감했습니다.

5. 빌립보, 로마의 식민시라는 공식 칭호를 얻음 (B.C. 27)

B.C.27년 옥타비아누스(Octavius)는 원로원에 의해 아우구스투스(Augustus)라는 칭호를 받으며 로마 최초의 황제 카이사르 아우구스투스(B.C. 27년-A.D. 14년)가 됩니다. 이 사람이 바로 누가복음 2장 1절에서 로마제국 전역에 걸쳐 호적을 하라고 명한 가이사 아구스도입니다. 옥타비아누스에게 황제의 영예를 안겨준 성지와 같은 빌립보는 '필리피승리기념 아우구스투스 율리우스 식민시'(Colonia Augusta Julia Victrix Philippensium)라는 공식 칭호를 얻게 되었고, 자유시민의 특권을 얻은 도시가 되었습니다. 이후 빌립보는 제대 군인들을 위한 식민시 건설의 터전이

되었고 아우구스투스 황제가 투항한 안토니우스의 병사들을 이 도시에 이주시킴으로써 많은 로마인들이 거주하게 되었고 도시의 정치적 위상 또한 격상되었습니다.

로마가 지중해 세계를 지배할 당시 빌립보는 지배 민족인 로마사람들이 정착하여 모여 사는 세계 최대 도시 중의 하나로 급부상합니다. 빌립보는 로마의 특별지배를 받으며 로마법을 따르고, 로마 복장을 착용하며, 라틴어 사용, 세금 면제, 로마의식 거행, 지방장관의 로마 칭호 사용 등, 한마디로 로마의 일부분이 되어 작은 로마, 타향의 로마로서 완전한 로마식 도시로 변모했습니다.

6. 사도 바울의 빌립보 입성 (A.D. 49년)

A.D. 49년 가을 바울 일행은 2차전도 여행 중 드로아에서 출발하여 에게해를 건너 네아폴리스 항구를 거쳐 빌립보에 도착했습니다. 네아폴리스는 당시 빌립보를 위한 항구도시였으며 현재는 카발라라고 부릅니다.
빌립보는 네아폴리스에서 에그나티아 가도를 따라 북쪽으로 16km 떨어진 곳에 위치한 도시입니다. 당시 빌립보는 수도도 아니었고 가장 큰 대도시도 아니였지만 군사적 요지이고, 무역 통상에 중요한 도시였으며, 로마의 식민시라는 공식 칭호를 얻은 특별한 곳입니다.
이러한 배경을 가지고 있는 빌립보에 도착한 누가는 첫 소감으로 '이는 마케도냐 지방의 첫 성이요 또 로마의 식민지라' (사도행전 16:12)고 말하고 있습니다.

빌립보에는 헬레니즘 세계 전역에 의사를 보내는 의사 조합과 연결되어 있는 유명한 의학교가 있었는데 수리아 안디옥 출신인 누가도 이곳에서 의사가 되었다고 역사가 람세이(Ramsay)는 전하고 있습니다. 누가는 신약 성경 저자 중 유일한 이방인으로 훌륭한 교육을 받은 의사이고, 누가복음과 사도행전을 기록한 뛰어난 저술가였으면서도 결코 자신을 드러내지 않고 A.D. 67년 경 바울이 로마에서 순교할 때까지 묵묵히 바울 곁을 지켰습니다.

처음 바울이 빌립보에 도착했을 때는 유대인 회당조차 없었지만 사도 바울은 루디아를 만나 빌립보 교회를 창립하게 되었습니다. 빌립보에서 귀신들린 여종을 만나 예수 그리스도의 이름으로 해방시켜 주기도 하였고, 감옥에 갇히는 고난도 받았으나 바울에게 빌립보는 간수와 그 주변 인물까지 구원해 낸 역동적인 사역현장입니다.

바울은 빌립보교회에 각별한 애정을 지니고 있었고 제3차 선교 여행 때에도 두 번이나 방문했습니다. 빌립보교회의 성도는 바울의 전도사역에 적극적으로 참여했으며 훌륭한 지도자인 에바브로디도(Epaphroditus)와 글레멘드(Clementius)와 같은 감독과 장로, 그리고 집사들이 있는 교회로 성장했습니다.(빌립보서 2:25, 4:3)

후에 바울이 로마의 감옥에 갇혀있을 때 바울을 도우러 왔던 에바브로디도가 병들어 죽을 고비까지 이르렀다가 회복되자 바울은 그를 보내며 빌립보교회에 편지를 보냅니다. 이 서신에서 바울은 빌립보 신자들에게 감사하는 마음을 전하며 신앙의 기쁨과 그리스도를 위한 고난을 함께 나누고자 격려하고 있습니다.

1) 루디아(Lydia)와 빌립보교회

> 그와 그 집이 다 세례를 받고 우리에게 청하여 이르되 만일 나를 주 믿는 자로
> 알거든 내 집에 들어와 유하라 하고 강권하여 머물게 하니라. **사도행전 16:15**

바울의 2차 전도 여행 당시 빌립보에는 회당이 없었습니다. 빌립보의 군사적인 특성 때문에 유대인들이 예배를 드리기 위해 도시 안에서 모이는 것이 금지되어 회당이 없었을 것이라는 의견도 있고, 성인남자 10명 이하는 유대인 공동체로 인정하지 않았는데 당시 성원이 되지 않아 회당을 세우지 못했다는 분석도 있습니다. 회당이 없는 소수의 경건한 사람들은 빌립보 외곽에 흐르는 지가크티스(Zygaktis) 강가에 모여 기도를 드렸을 것으로 추측됩니다.

바울 일행은 빌립보에서 여러 날을 머무르면서 안식일에 도시의 성문 밖 기도하는 곳이 있으리라고 생각되는 지가크티스(Zygaktis) 강가로 갔습니다. 바울 일행은 이곳에서 루디아를 만나 전도를 하였고 하나님께서 그의 마음을 활짝 열어 주셔서 루디아와 더불어 온 집안이 지가크티스 강에서 세례를 받게 되었습니다. 유럽 최초의 교회인 빌립보교회의 첫 열매가 된 루디아는 사도 바울 일행에게 숙식을 제공하고, 수차례에 걸쳐 바울에게 선교비를 보내 전도사역과 옥중생활을 도왔습니다.(빌립보서2:17, 4:15~18) 루디아는 터키 소아시아 7개 교회 지역 중 하나인 두아디라 지방의 자주장사로서 빌립보로 이민온 후 경제적 안정과 부를 누리고 있었으며, 하나님을 공경하던 자였습니다.(사도행전16:13-15)

루디아 기념교회 (사진, 서울대학교 김덕수교수)

바울이 세례를 준 지가크티스강의 침례장소 (사진, 서울대학교 김덕수교수)

현재 지가크티스 강가에는 1973년에 주민 헌금 5백만 드라크라 (드라크라는 누가복음15:8 에 나오는 화폐단위로 2002년 유로로 바뀌기 전까지 그리스에서 계속 사용되었음)로 건립한 루디아 기념교회와 바울이 세례를 준 침례장소가 있습니다. 교회 내부 중앙에는 유아침례탕이 있고, 강단 뒷부분에는 바울과 루디아의 모자이크 이콘이 장식되어 있습니다. 정교회는 매년 5월 20일을 루디아의 축일로 지켜오고 있습니다.

2) 바울과 실라, 빌립보 감옥에 갇힘

> 그가 바울과 우리를 따라와 소리 질러 이르되 이 사람들은 지극히 높은 하나님의 종으로서 구원의 길을 너희에게 전하는 자라 하며 이같이 여러 날을 하는지라 바울이 심히 괴로워하여 돌이켜 그 귀신에게 이르되 예수 그리스도의 이름으로 내가 네게 명하노니 그에게서 나오라 하니 귀신이 즉시 나오니라
>
> 사도행전 16장 17–18절

바울 일행은 전도를 하러 다니다가 귀신 들린 여종을 만나게 됩니다. 귀신의 힘으로 점을 치는 여종은 바울 일행이 하나님의 종이라는 사실을 외치며 계속 따라다니자 바울은 그리스도의 이름으로 귀신을 쫓아버립니다. 여종에게는 참 좋은 일이 일어났지만 수입이 끊긴 것에 화가 난 주인은 바울과 실라를 모함하여 고소를 했습니다. 사도 바울과 실라는 귀신들린 여종을 고쳐주었다는 황당한 죄목으로 옷을 빼앗기고 매맞고 재판과정도 없이 발에 차꼬가 채워진 채로 깊은 감옥에 갇혔습니다. 그날 밤 바울과 실라가 감옥

에서 기도하는 중에 감옥의 문이 모두 열렸습니다. 죄수들이 모두 탈출했다고 생각한 간수는 감당할 수 없는 사태가 일어났다고 성급히 생각하고 자살하려는 순간 바울이 큰소리로 제지하며 안심을 시킵니다. 모든 죄수들이 감옥 안에 그대로 머무르고 있는 것에 감동한 간수는 온 가족과 함께 주 예수의 복음을 믿고 세례를 받게 되었습니다.

실라는 바울처럼 로마 시민권자(사도행전 16:37)이며 예루살렘교회의 지도자 중 한 사람으로 안디옥교회에서 사역하였고(사도행전 15:22), 빌립보감옥에서는 바울과 함께 고난을 받으면서도 함께 찬송하고 기도했던 강직한신앙의 소유자입니다. 후일 베드로의 대필자로 봉사하기도 하고, 바울과 베드로 사이를 오고 가며 좋은 관계 속에 사역을 도모한 화목자입니다.

바울과 실라가 갇혔던 감옥터는 5세기부터 현재까지 순례자들의 발길이이어지고 있는 빌립보 유적 중 최고의 명소입니다.

7. 빌립보에서 다시 크리니데스로 (그리스독립 A.D. 1827년)

빌립보는 A.D.330년 콘스타티노폴리스가 동로마제국의 수도가 된 이후그리스도인들에게 비잔티움 제국의 매우 소중한 도시로 사랑받으며 발전했습니다. 그 후 A.D.473년에는 고트(Goth)족, 7~8세기 동안에는 슬라브(Slav)족, 9세기에는 불가리아, 15세기부터 400 여년간은 오스만 제국의 지배를 받았습니다. 그리스의 오랜 투쟁과 유럽 국가들의 도움 덕분에 그리스는 1827년에 독립을 하였습니다.

오랜 세월동안 지중해세계에서 빌립보는 유럽과 아시아 즉 로마제국의 동서를 가로지르는 에그나티아 대로가 놓여 있는 지리, 군사적으로 매우 중요한 전략적 요충지였습니다. 그러나 크고 작은 지진과 전쟁으로 인해 현재는 무너진 유적지만 남아있습니다.

현재 빌립보는 유적지 이름으로만 사용하고 있으며 행정적으로는 크리니데스라는 원래의 이름을 복원하여 사용하고 있습니다. 크리니데스는 기나긴 역사를 품은 빌립보 유적지를 지키며 농사와 목축을 주로 하는 인구 5천명 정도의 아주 작은 조용한 마을로 빌립보 유적지를 찾는 관광객을 맞이하고 있습니다.

8. 빌립보 유적지 유네스코 세계문화유산으로 지정 (A.D. 2016년)

2016년 유네스코 세계문화유산으로 지정되어 보존되고 있는 빌립보는 더 이상 행정도시가 아닌 대규모의 유적지로 알려져 있습니다. 1914년부터 1937년 사이에 아테네의 에콜 프랑세즈(Ecole Francaise)에 의해 고고학 발굴이 일부 이루어졌으며, 현재까지도 복원과 발굴이 계속 이루어지고 있으나 아직도 발굴되지 않은 광범위한 지역이 그대로 남아 있습니다.

▲ 2016년 유네스코
세계문화유산으로
지정된 빌립보 유적지 일부

◀ 고대 유적지 빌립보
(사진, 서울대학교 김덕수교수)

1) 빌립보 유적지 안내도

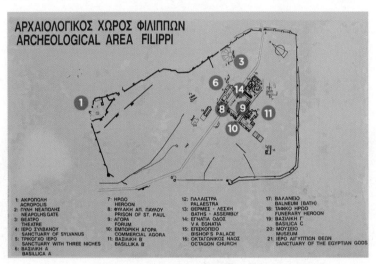

1914년-1983년 부분 발굴된 유적지의 안내지도 (사진. 서울대학교 김덕수교수)

1914년부터 1983년 사이에 발굴된 유적지 안내도에 나온 몇 개의 주요 유적지를 살펴보겠습니다. 유적지의 가운데 도로를 중심으로 두 부분으로 나뉘는데 이 도로는 아스팔트로 포장되어 있으며 현재 자동차가 다니는 길입니다.

도로 위부분의 유적부터 살펴보면 아크로 폴리스(1)가 지도의 왼쪽부분 멀리에 있고, 오른쪽에 있는 그리스, 로마시대의 야외극장(3)에서 조금 내려오면 5세기에 세워진 교회터 바실리카A(6)가 있고, 도로 가까이에 사도바울과 실라가 갇혔던 감옥(8)이 있습니다. 바울감옥 앞 계단을 내려가서 현대에 건설된 아스팔트 포장 도로를 건너가면 바실리카B(11)와 포룸(9), 아고

바울의 감옥밖 아래 계단 (사진. 서울대학교 김덕수교수)

바울과 실라의 감옥터 (사진. 서울대학교 김덕수교수)

라(10), 고대 로마시대의 도로 에그나티아가도(14), 주거지 등의 유적이 있습니다. 바실리카란 고대 건축에서 공공건물을 가리키기도 하며 기독교 건축에서는 대규모의 유서 깊은 성당 혹은 회당식 교회를 의미합니다. 바실리카 양식으로 지어진 건축물들은 세 개 혹은 다섯 개의 열주(列柱)를 세우고 지붕을 씌워 실내공간을 넓히는 방식으로 지어졌으며 당시 예배를 드리기에 적합한 건축양식이었습니다.

2) 바울과 실라의 감옥터 (유적지 안내도 위치8 참조)

바울과 실라의 감옥터는 바실리카A 입구(propylaea)의 계단 오른쪽 옆에 위치하고 있는데 A.D. 5세기부터 순례자들의 발길이 이어지고 있는 빌립보 최고의 명소입니다.

3) 에그나티아 가도 (유적지 안내도 위치14 참조)

소아시아에서 네압볼리를 지나 로마로 가는 에그나티아 가도는 아직도 그 형태 그대로 유지되고 있는 곳이 있어 당시의 건축기술을 가늠해 볼 수 있습니다.

4) 아크로폴리스 (유적지 안내도 위치1 참조)

레카니스(Lekanis)산 해발 311m 높이에 B.C.356년에 필리포스 왕이 세운

아크로폴리스가 있고, 산중턱의 성벽은 3.5km의 길이로 비잔티움 제국의
왕이었던 니케포로스 2세 포카스가 A.D.963년에 축조했습니다.

▶바울이 전도여행 시
　　도보로 다녔던
　　에그나티아 가도

▼빌립보 도심을 통과
하는 에그나티아 가도

(사진, 서울대학교 김덕수교수)

5) 고대 야외극장 (유적지 안내도 위치3 참조)

팡게오(Pangeo)산 중턱에 자리잡고 있는 야외극장은 필리포스 2세가 B.C.4세기에 3,500명을 수용할 수 있는 크기로 건축하였으며 앞무대의 지름은 21.6m였고, 로마제국 관할 하에 들어간 후 B.C.2세기경 24.8m로 증축되었습니다. 이곳에서 그리스인들은 연극을 주로 하였고 로마인들은 검투사와 맹수와의 싸움을 즐겼습니다. 원래 형태는 지진으로 소멸되었으나, 1957~1959년 사이에 고고학 발굴팀에 의해 상당부분 복원되었으며 현재에도 매년 여름철마다 각종 음악회나 공연장소로 사용되고 있습니다. 공명이 좋아서 야외극장 뒤까지도 소리가 잘 들리는데 그 비밀은 무대 바닥에 공간이 있으며 공기구멍이 있기 때문이라고 합니다.

6) 바실리카A (유적지 안내도 위치6 참조)

바실리카A는 거의 허물어지고 기둥 몇 개와 벽만 남아있는데 남아있는 기둥 몇 개만 보아도 전성기 때의 아름다움을 짐작할 수 있습니다. B.C.500년경 디오니소스에게 바쳐진 신전이었으나, 후일 기독교인들이 3층 규모의 대교회로 지었습니다. 특별히 데삿리아에서 가져온 회색 대리석을 사용한 총 길이 136m, 폭 50m되는 화려한 건물이었습니다. 교회 내부에 고정된 성찬식탁과 침례장소까지 있었으나 현재 침례터는 지진으로 소실되었으며 다만 그 위에다 1939년 산쪽 방향의 별채 입구에 채색 모자이크를 깔아 놓은 것을 볼 수 있습니다. A.D.600년 대지진으로 완전히 붕괴된 후 예전보다 작은

현재에도 공연장소로 사용되고 있는 고대야외극장 (사진, 서울대학교 김덕수교수)

바실리카A 유적 (사진, 서울대학교 김덕수교수)

규모로 교회를 재건했으며 당시 대리석 부조 파편 가운데 새겨진 십자가 모양을 지금도 볼 수 있습니다.

7) 포룸과 아고라 (유적지 안내도 위치9,10 참조)

A.D.161~175년에 마르쿠스 아우렐리우스가 가로 10m,세로 50m규모로 전면 대리석으로 포장한 장소입니다. 기둥 앞쪽으로 아고라가 있었고 아고라 앞에는 넓은 광장인 포룸이 있었습니다. 사도 바울이 귀신들려 점치는 여자를 고쳐주고 잡혀 온 곳이 이런 아고라였을 것으로 추정됩니다.(사도행전16:19)

대광장 북쪽으로 에그나티아 도로(14)가 역시 대리석으로 포장되어 있었고, 남쪽으로는 아고라(시장터)와 바실리카B가 위치하고 있습니다. 대광장 입구 중앙에는 재판정이 있고 좌,우측으로는 상수를 관리하는 저수지가 있으며 주변에는 학사원들과 도서관, 신전터 그리고 수로들이 있는 것을 볼 수 있습니다.

빌립보는 로마 식민시 시절에도 독립적인 지방행정부를 가졌는데 바로 이 포룸에서 재판과 민회를 열기도 했다고 합니다.(사도행전16:20)

8) 바실리카B(교회터) (유적지 안내도 위치11 참조)

바실리카B는 로마 제국이 기독교를 국교로 공인하고 한창 비잔티움 시대가 꽃을 피우던 시기인 A.D.550년에 순수하게 하나님께 바치기 위해 지어진

바실리카A 유적의 대리석 부조 파편 (사진, 서울대학교 김덕수교수)

포룸과 아고라 (사진, 서울대학교 김덕수교수)

곳입니다. 둥근 아치의 아름다운 돔형으로 콘스탄티노폴리스의 성 소피아성당보다 화려하고 빼어나게 건축되었으나 9세기에 불가리아인들의 침략으로 파괴되었습니다. 교회 내부의 폭이 47m, 지상에서 돔까지의 높이는 62m였으나 현재는 기둥 3개만 남아있어 당시의 모습을 유추해 볼 수 있을 뿐입니다. 아직도 교회 옆에 붙어 있었던 부속건물의 침례탕이 보존되어 있고, 그 밑으로 흐르던 하수는 수세식 공중변소로 연결되어 있습니다.

빌립보의 역사와 유적지를 둘러보며 바울의 발길이 닿았던 빌립보시와 빌립보 사람들의 숨결을 잠시라도 느껴보셨으면 좋겠습니다. 황제의 힘, 욕망, 성공에 대한 세상적인 가치관이 가득하던 빌립보에서 루디아는 바울을 만나 주님을 영접한 이후 가치관이 변하고 인생의 목표가 달라지며, 빌립보 교회가 세워지는데 헌신을 하였습니다. 로마에서 재판을 기다리는 감금 상태에서 바울은 자신을 섬기고 도와주었던 빌립보 교회에 감사하는 마음을 전하며 신앙의 기쁨과 그리스도를 위한 고난을 함께 나누고자 격려하고 있습니다. 현대사회의 교회도 루디아가 살던 빌립보 교회와 다르지 않습니다. 세상적 가치관이 범람하는 물결 속에서 영적 가치를 지키려 애쓰는 우리에게도 바울사도가 보내는 신앙의 기쁨과 위로, 격려의 편지가 절실하게 필요한 때입니다. 주 안에서 항상 기뻐하십시오!

바실리카B (교회터) (사진, 서울대학교 김덕수교수)

3부

눈으로 듣는
빌립보서

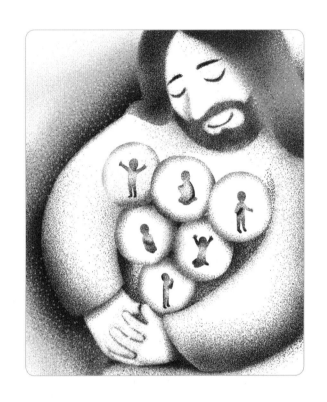

예수 그리스도로 말미암아 의의 열매가 가득하여
하나님의 영광과 찬송이 되기를 원하노라

빌 1:11

1 _ 성도를 위한 기도가 주는 기쁨

눈으로보는동영상

빌립보서 1:1-11

1 그리스도 예수의 종 바울과 디모데는 그리스도 예수 안에서 빌립보에 사는 모든 성도와 또한 감독들과 집사들에게 편지하노니 2 하나님 우리 아버지와 주 예수 그리스도로부터 은혜와 평강이 너희에게 있을지어다 3 내가 너희를 생각할 때마다 나의 하나님께 감사하며 4 간구할 때마다 너희 무리를 위하여 기쁨으로 항상 간구함은 5 너희가 첫날부터 이제까지 복음을 위한 일에 참여하고 있기 때문이라 6 너희 안에서 착한 일을 시작하신 이가 그리스도 예수의 날까지 이루실 줄을 우리는 확신하노라 7 내가 너희 무리를 위하여 이와 같이 생각하는 것이 마땅하니 이는 너희가 내 마음에 있음이며 나의 매임과 복음을 변명함과 확정함에 너희가 다 나와 함께 은혜에 참여한 자가 됨이라 8 내가 예수 그리스도의 심장으로 너희 무리를 얼마나 사모하는지 하나님이 내 증인이시니라 9 내가 기도하노라 너희 사랑을 지식과 모든 총명으로 점점 더 풍성하게 하사 10 너희로 지극히 선한 것을 분별하며 또 진실하여 허물없이 그리스도의 날까지 이르고 11 예수 그리스도로 말미암아 의의 열매가 가득하여 하나님의 영광과 찬송이 되기를 원하노라

샬롬! 사랑하는 성도 여러분, 반갑습니다. 기쁨의 서신 빌립보서를 8일간 함께 나누며 주님의 음성을 듣고 깨달아 결단하고 순종하여 매일 매일의 삶 속에 기쁨 충만한 은혜가 넘치길 주님의 이름으로 기도드립니다.

빌립보서의 전체 주제는 '기쁨' 입니다. 바울은 로마 감옥에 갇힌 상태에서 이 서신을 기록하였고 빌립보 교회에도 여러 가지 문제들이 있었지만, 바울은 모든 환경을 초월하여 그리스도 안에서 누리는 신앙의 기쁨이 무엇인지를 빌립보서를 통해 알려주고 있습니다. 빌립보서 4장 4절, '주 안에서 항상 기뻐하라 내가 다시 말하노니 기뻐하라.' 사도 바울의 가슴에 절절하게 들렸던 하나님의 이 음성이 저와 여러분 모두에게, 특히 앞으로 진행될 모든 사역 가운데 언제나 생생하게 들리기를 주님의 이름으로 축원합니다.

사도행전 16장에는 빌립보 교회의 개척 과정이 기록되어 있습니다. 바울의 계획은 먼저 아시아로 전도를 가는 것이었으나 여러분도 잘 아시는 바와 같이, 바울은 자신에게 도움을 청하는 마게도냐 사람의 환상을 보게 되고 그 일로 인해 마게도냐로 전도 여행의 방향을 돌립니다. 그리고 유럽 전도를 시작하는 첫번째 성이 바로 빌립보입니다. 바울은 나중에 로마 감옥에 갇혔을 때, 유럽에서 처음 세워진 교회로서 자신의 전도사역을 섬기고 도와준 빌립보 교회를 향해 감사와 사랑의 마음을 담아 편지를 씁니다. 빌립보서도 바울의 모든 다른 서신서들과 마찬가지로 성도들을 향한 인사로 시작합니다.

그리스도 예수의 종 바울과 디모데는 그리스도 예수 안에서 빌립보에 사는 모든 성도와 또한 감독들과 집사들에게 편지하노니 하나님 우리 아버지와 주 예수 그리스도로부터 은혜와 평강이 너희에게 있을지어다 빌 1:1,2

바울의 인사말에서 세 번 나오는 단어가 있습니다. '그리스도 예수'입니다. 그리고 그리스도 예수와 관련된 세 가지 전치사를 볼 수 있습니다. 1절, 그리스도 예수의(of), 그리스도 예수 안에(in), 2절, 예수 그리스도로부터(from)입니다. 이들이 나타내는 것은 예수 그리스도와 성도 사이의 중요한 세 가지 관계입니다.

첫째, '그리스도 예수의'는 소유를 의미합니다. 성도는 예수님께서 핏값으로 산 예수 그리스도의 소유된 자입니다. 그렇기에 '종'이란 신분이 전혀 거북스럽지 않습니다. 종일지라도 우리가 기쁠 수 있는 것은 우리의 주인이 다름 아닌 우릴 위해 십자가에서 값을 치르신 예수님이기 때문입니다.

둘째, 바울은 빌립보 교인들을 단지 성도라 부르지 않고 '그리스도 예수 안에서 성도'라 부릅니다. 그냥 '성도'라고만 하면 이 말이 자기 개선을 이루려는 스스로의 노력과 더 고상한 삶에 다다르려는 뼈를 깎는 희생만을 요구하는 것처럼 들릴 수 있습니다. 그러나 기독교는 자아를 개선시키고 발전시키는 신앙이 아닙니다. 성도는 헬라어로 하기오스, '거룩하다'라는 뜻입니다. 그런데 성도의 거룩함은 자아의 발전과 개선을 의미하는 것이 아니라 '예수 안에 거한다'는 뜻입니다. 이는 '다른 영역에서 산다'는 것을 의미합니다. 예수님은 이것을 요한복음 15장 포도나무 비유로 말씀하십니다. 예수님은 포도나무, 성도는 포도나무의 가지입니다. 가지는 나무에 붙어 있어야 열매를 맺습니다. 나무에서 떨어져 나간 가지를 아무리 개선하고 발전시켜 봐야 아무런 소용이 없습니다.

셋째, 예수님의 소유된 자, 예수님 안에 거하는 자가 된 성도들에게는 예수 그리스도로부터 오는 은혜와 평강이 있습니다. 하나님 아버지와 예수 그리스도의 모든 신적 사랑은 은혜와 평강으로 요약됩니다. 하나님은 값없고 아무 조건 없는 사랑으로 우리에게 오셔서 우리를 구원하셨습니다. 그리고 그 은혜의 첫 열매가 평강입니다. 요한복음 20장을 보면, 예수님은 제자들에게 '너희에게 평강이 있을지어다' 라고 선포하신 후 마치 평강의 근원을 보여주기라도 하듯이 십자가의 흔적을 보여주십니다. 평강은 은혜 받은 자, 즉 성도의 증거이며, 그 은혜와 평강으로 성도는 참된 기쁨을 누릴 수 있습니다. 성도의 기쁨은 건강하게 장수하여서 돈을 많이 벌고, 사회적으로 존경받는 지위에 오르며, 무언가 덕을 쌓고, 훌륭한 인격을 수련하여서 얻어지는 것이 아닙니다. 예수 그리스도의 종 된 우리가 성도로서 예수 그리스도로부터 오는 은혜와 평강을 누리는 것이 참된 기쁨입니다.

그런 기쁨을 소유한 성도는 다른 성도를 위해 기도합니다. 바울은 빌립보 성도를 위해 기도하였습니다. 바울이 어떤 심정으로 기도하였는지 3절부터 8절까지에 잘 나타나 있는데 이는 세 가지로 요약됩니다. 바로 감사, 기쁨, 사랑입니다.

내가 너희를 생각할 때마다 나의 하나님께 감사하며 빌 1:3

본문을 그냥 읽으면 좀 어렵습니다. 3절에 나오는 '감사'의 의미를 알기 쉽게 예를 들어 보겠습니다. 여러분 주위의 성도 가운데 누군가를 떠올릴 때마다, '아! 이런 분과 함께 신앙생활하고 있다니, 참으로 하나님께 감사하다!' 이런 생각을 해 본 적이 있나요? 지금 바울은 그렇습니다. 바울은 빌립보 성도들을 생각하면 하나님께 감사한 마음이 든다고 고백하고 있는 것입니다. 우리도 서로를 생각하면 하나님께 감사하게 되는 그런 마음가짐을 가졌으면 좋겠습니다. 서로가 하나님께 감사가 되는 존재라면 얼마나 우리의 신앙생활이 풍요로울까요? 여러분의 교회에 이런 감사가 넘쳐나기를 주님의 이름으로 축원합니다.

> 간구할 때마다 너희 무리를 위하여 기쁨으로 항상 간구함은 너희가 첫날부터 이제까지 복음을 위한 일에 참여하고 있기 때문이라 너희 안에서 착한 일을 시작하신 이가 그리스도 예수의 날까지 이루실 줄을 우리는 확신하노라 내가 너희 무리를 위하여 이와 같이 생각하는 것이 마땅하니 이는 너희가 내 마음에 있음이며 나의 매임과 복음을 변명함과 확정함에 너희가 다 나와 함께 은혜에 참여한 자가 됨이라 내가 예수 그리스도의 심장으로 너희 무리를 얼마나 사모하는지 하나님이 내 증인이시니라 빌 1:4-7

감사 다음은 기쁨입니다. 4절부터 7절의 '기쁨'은 바울이 혼자가 아니라 다른 성도들과 함께 같은 목표를 향해 일하고 있으니 기쁘다는 의미입니다. 그 일은 복음을 위한 일입니다. 그런데 단순히 함께 일하여서 기쁜 것이 아니라 복음을 위한 일, 즉 착한 일을 시작하신 분이 하나님이시고 그 하나님께서 예수님 재림 때까지 그 일을 완성하실 것이 확실하기에 더욱 기쁜 것입니다. 하나님으로 인하여 성공할 것이 확실한 하나님 나라의 일을 성도가 함께 하니 기쁨이 넘치는 것이지요. 실패의 두려움도 없고 홀로 외롭지도 않습니다. 기쁠 수 밖에 없습니다.

내가 예수 그리스도의 심장으로 너희 무리를 얼마나 사모하는지 하나님이 내

증인이시니라 빌 1:8

8절에서 바울의 성도를 향한 기도는 '그리스도의 심장으로 하는, 사랑의
마음가짐에서 나온 것'이라는 의미입니다. 우리는 특별히 성도사이에 서로
를 위한 중보기도에 힘써야 합니다. 기도하며 그 성도를 떠올리면 하나님께
감사하는 마음이 들고 그 성도와 함께 복음을 위한 일, 하나님 나라 일, 교
회를 세우는 일에 동역하면 기쁨이 넘치게 됩니다. 그리스도 예수가 그 성도
를 사랑하는 그 마음으로 성령을 통해 기도하여야 합니다. 성령 하나님이 그
증인이십니다. 바울은 감사와 기쁨, 그리고 사랑의 마음을 품고 구체적으로
성도들을 위해 기도했습니다.

> 내가 기도하노라 너희 사랑을 지식과 모든 총명으로 점점 더 풍성하게 하사
> 너희로 지극히 선한 것을 분별하며 또 진실하여 허물없이 그리스도의 날까지
> 이르고 빌 1:9-10

바울의 이 기도는 그리스도인의 성장에 관한 기도로서 '나는 참포도나무
요 내 아버지는 농부라'(요 15:1), '나는 포도나무요 너희는 가지라'(요
15:5) 라는 포도나무 비유 말씀과 연관됩니다. 포도나무에서 시작되는 성장
점은 '사랑'입니다. 그리스도인 성장의 시작은 사랑입니다. 그 성장점인 사
랑이 점점 더 풍성하게 되면서 가지는 활발하게 성장합니다. 그런데 그 사랑
의 가지가 성장하는데 버팀목이 되어 주는 것이 '지식과 모든 총명'입니다.
여기서 지식은 헬라어로 '에피그노세이'인데, 이는 일반적인 지식인 '그노

세이'에 '~위에'라는 뜻의 '에피'가 더해진 것으로서 일반적인 지식을 뛰어넘는, 즉 '하나님을 아는 지식'을 말합니다. 그리고 총명은 통찰력, 분별력을 의미합니다. '모든 총명'이란 완전성이 아닌 깊이를 뜻하며, 이는 깊이 있는 통찰을 통해 악에서 선한 것을 가려내는 능력입니다. 성경에서 말하는 사랑은 무분별한 감정과 열정이 아닙니다. 성경에서 말하는 사랑은 하나님을 아는 지식과 깊은 통찰을 통한 분별력에 기초한 사랑입니다. 사랑은 하나님을 아는 지식, 그리고 악으로부터 선한 것을 가려내는 분별력을 통해 성장합니다. 10절에서 '지극히 선한 것을 분별하며'라고 했는데, 여기서 '분별'은 헬라어로 '화폐의 진위를 구별하는 것'을 나타내는 용어입니다. 이는 마치 성도가 위조지폐를 구별해 내는 전문 감별사와 같이 선한 것을 분별해 내는 능력을 갖게 됨을 의미합니다.

또한 그 사랑의 포도나무 가지 성장으로 나타나는 현상은 '진실함'과 '허물없음'입니다. 즉 내적 인격의 진실함, 그리고 외적 행동의 허물없음 입니다. 이들을 통해 바로 '거룩함'이라는 꽃을 피우게 됩니다. 그런데 이런 모든 것이 향하는 날이 있습니다. 바로 그리스도의 날까지, 우리의 신랑 되신 예수님이 다시 오시는 날까지 입니다. 신부가 신랑을 기다리면서 단장을 하는데 얼마나 기쁠까요? 신랑 되신 예수님을 기다리며 성화되어 가는 일은 신부의 단장과 마찬가지이며 기쁘지 않을 수 없습니다. 그 모든 성장은 기쁨의 과정입니다.

예수 그리스도로 말미암아 의의 열매가 가득하여 하나님의 영광과 찬송이 되기를 원하노라 빌 1:11

여기서 '의의 열매'는 구원받은 성도의 삶의 증거, 성화의 증거를 말합니다. 그런데 이런 의의 열매는 예수 그리스도로 말미암아 이루어집니다. 의의 열매가 가득하려면 포도나무이신 예수님께 붙어 있는 것이 가장 중요합니다. 우린 가지입니다. 농부는 누구인가요? 성부 하나님이십니다. 성부는 성자의 영광을 위해 끊임없이 일하십니다. 하나님께서 일하시는 겁니다. 가지의 열매가 가득하면 이것이 농부이신 하나님의 영광과 찬송이 됩니다. 그리고 포도나무이신 예수의 영광이 됩니다. 성부 하나님과 성자 하나님의 영광과 찬송이 되는 성도, 생각만 해도 얼마나 기쁜가요? 이것이 은혜 받은 자의 기쁨이며, 평강을 누리는 자의 기쁨입니다.

성도를 위한 기도는 성도의 참된 기쁨을 위한 기도입니다. 결코 막연한 것이 아닙니다. 그 성도를 향한 그리스도 예수의 마음이 성령을 통하여 저희의 기도가 되는 겁니다. 바울의 기도와 같이 성도의 성장, 성화, 열매 맺음을 위해 기도하여야 합니다. 또한 그 무엇보다 포도나무의 가지로서, '예수의, 예수 안에, 예수로부터'로 정리되는 예수 그리스도와의 올바른 관계가 성도의 모든 삶 속에 굳게 자리 잡기를 서로 기도하여야 합니다. 그 성도로 인하여 감사하는 마음과 기쁜 마음, 그리스도의 사랑하는 마음을 품고 기도하면 좋겠습니다. 성도가 서로의 참된 기쁨을 위해, 그리고 성도의 성화를 위해 기도하는 교회가 되기를 주님의 이름으로 축원합니다.

말씀으로 기도

1. 스스로 그리스도 예수의 소유된 자인지, 그리스도 예수 안에서 성도 된 자인지, 그리스도 예수로부터 받은 은혜와 평강으로 참된 기쁨을 누리는지 되돌아보며 온전한 그리스도인으로서 정체성을 회복하도록 성령님께 도와 달라고 기도합시다.

2. 다른 성도로 인하여 감사하는 마음, 함께 동역하며 생기는 기쁨 가득한 마음, 그리스도 예수께서 그 성도를 사랑하신 것처럼 우리도 사랑하는 마음으로 성도들을 위하여 중보기도할 수 있는 사랑의 공동체로 세워주시기를 기도합시다.

3. 성도들을 위해 기도할 때 그 성도를 향한 예수 그리스도의 바램이 우리의 기도가 되기를 바랍시다. 특히 성도의 사랑이 지식과 모든 총명함, 분별력으로 더욱 풍성하여지기를 기도합시다.

4. 모든 예배와 양육이 성부 하나님과 예수 그리스도로부터 오는 은혜와 평강으로 말미암아 기쁨으로 넘치게 해달라고 간절히 기도합시다.

무슨 일에든지 대적하는 자들 때문에
두려워하지 아니하는 이 일을 듣고자 함이라
이것이 그들에게는 멸망의 증거요 너희에게는
구원의 증거니 이는 하나님께로부터 난 것이라
빌 1:28

2 _ 기쁨을 막는 것은 결국 두려움

빌립보서 1:12-26,28

12 형제들아 내가 당한 일이 도리어 복음 전파에 진전이 된 줄을 너희가 알기를 원하노라 13 이러므로 나의 매임이 그리스도 안에서 모든 시위대 안과 그 밖의 모든 사람에게 나타났으니 14 형제 중 다수가 나의 매임으로 말미암아 주 안에서 신뢰함으로 겁 없이 하나님의 말씀을 더욱 담대히 전하게 되었느니라 15 어떤 이들은 투기와 분쟁으로, 어떤 이들은 착한 뜻으로 그리스도를 전파하나니 16 이들은 내가 복음을 변증하기 위하여 세우심을 받은 줄 알고 사랑으로 하나 17 그들은 나의 매임에 괴로움을 더하게 할 줄로 생각하여 순수하지 못하게 다툼으로 그리스도를 전파하느니라 18 그러면 무엇이냐 겉치레로 하나 참으로 하나 무슨 방도로 하든지 전파되는 것은 그리스도니 이로써 나는 기뻐하고 또한 기뻐하리라 19 이것이 너희의 간구와 예수 그리스도의 성령의 도우심으로 나를 구원에 이르게 할 줄 아는 고로 20 나의 간절한 기대와 소망을 따라 아무

눈으로보는동영상

일에든지 부끄러워하지 아니하고 지금도 전과 같이 온전히 담대하여 살든지 죽든지 내 몸에서 그리스도가 존귀하게 되게 하려 하나니 21 이는 내게 사는 것이 그리스도니 죽는 것도 유익함이라 22 그러나 만일 육신으로 사는 이것이 내 일의 열매일진대 무엇을 택해야 할는지 나는 알지 못하노라 23 내가 그 둘 사이에 끼었으니 차라리 세상을 떠나서 그리스도와 함께 있는 것이 훨씬 더 좋은 일이라 그렇게 하고 싶으나 24 내가 육신으로 있는 것이 너희를 위하여 더 유익하리라 25 내가 살 것과 너희 믿음의 진보와 기쁨을 위하여 너희 무리와 함께 거할 이것을 확실히 아노니 26 내가 다시 너희와 같이 있음으로 그리스도 예수 안에서 너희 자랑이 나로 말미암아 풍성하게 하려 함이라 28 무슨 일에든지 대적하는 자들 때문에 두려워하지 아니하는 이 일을 듣고자 함이라 이것이 그들에게는 멸망의 증거요 너희에게는 구원의 증거니 이는 하나님께로부터 난 것이라

샬롬! 사랑하는 성도 여러분, 오늘 주시는 하나님의 말씀 가운데 담대함을 얻어 기쁨이 충만한 날들을 누리기를 주님의 이름으로 축원합니다.

오늘 말씀은 바울이 빌립보 성도들에게 지금 자신이 처한 상황속에서 어떠한 심정인지를 솔직하고 담백하게 전하면서 시작됩니다.

> 형제들아 내가 당한 일이 도리어 복음 전파에 진전이 된 줄을 너희가 알기를 원하노라 이러므로 나의 매임이 그리스도 안에서 모든 시위대 안과 그 밖의 모든 사람에게 나타났으니 빌 1:12,13

여기서 바울은 '형제들아 너희가 알기를 원하노라' 라고 하면서 대단히 중요한 어떤 것에 주의를 기울일 것을 촉구합니다. 그것은 바로 바울이 당한 일, 즉 '로마 감옥에 갇혀 있는 것' 이 복음 전파에 교두보가 되었음을 알립니다. 12절에서 '진전' 으로 번역된 헬라어 '프로코페' 는 군대 용어로서 군대가 진군할 때 그 앞에서 길을 닦는 일을 의미합니다. 길을 닦고 다리를 만들어 군대가 앞으로 나갈 수 있도록 하는 공병대와 같은 역할입니다. 비록 바울은 갇혔지만, 그 갇힘을 통해서도 복음이 새로운 길을 만나 앞으로 나아갔습니다. 그 예가 13절입니다. 바울을 지키는 로마의 시위대 군사들과 그 밖의 사람들에게 복음이 전해졌다는 것이 밝혀집니다. 이런 현상은 빌립보 성도들에게는 새삼스러운 일이 아니었습니다. 사도행전 16장을 보면 바울이 빌립보에서 실라와 감옥에 갇혀 있을 때 간수와 그 가족이 복음을 듣고 하나님을 믿는 역사가 있었기 때문입니다.

대부분의 사람들은 어떤 억울한 일을 당하거나, 이해할 수 없는 고난을 겪게 되면 시선이 자기 자신을 향할 수밖에 없습니다. 그러나 바울은 어떤 상황에서도 오직 예수 그리스도만 바라보며 복음에 초점을 맞춘 인생을 살았습니다. 바울은 감옥의 쇠사슬에 매인 것이 아니라 복음에 매인 사람입니다.

그런데 바울이 감옥에 갇혀서 복음을 전하는 것 이외에도, 감옥 밖에서도 바울의 투옥으로 인해 더욱 복음이 강하게 퍼져 나가고 있음을 바울이 알게 되었습니다. 14절이 그 내용입니다.

> 형제 중 다수가 나의 매임으로 말미암아 주 안에서 신뢰함으로 겁 없이 하나
> 님의 말씀을 더욱 담대히 전하게 되었느니라 빌 1:14

그런데 형제들의 복음 전파의 동기는 크게 두 가지로 구분되어 있음을 바울이 알게 됩니다.

> 어떤 이들은 투기와 분쟁으로, 어떤 이들은 착한 뜻으로 그리스도를 전파하나
> 니 빌 1:15

어떤 이들은 바울의 영향력이 커지는 것을 시기하여 바울이 옥에 갇힌 동안 바울과 경쟁하는 마음으로 복음을 전하는 자들도 있었고, 또 어떤 이들은 바울을 올바르게 따르고 이해하며 존경함으로써 순수한 마음으로 어려운 상황 속에서도 더욱 열심히 복음을 전하려 하였습니다.

> 이들은 내가 복음을 변증하기 위하여 세우심을 받은 줄 알고 사랑으로 하나

> 그들은 나의 매임에 괴로움을 더하게 할 줄로 생각하여 순수하지 못하게 다툼
> 으로 그리스도를 전파하느니라 빌 1:16,17

16절의 '이들'은 착한 뜻으로 그리스도를 전파하는 형제들입니다. 이들은 바울을 이해하고 사랑하는 마음으로 더욱 열심히 복음을 전합니다. 반면 17절의 '그들'은 투기와 분쟁으로 그리스도를 전파하는 형제들입니다. 바울의 구금 상태에서 더욱 바울의 마음을 아프게 하려는 의도를 가지고 순수하지 못한 마음으로 복음을 전하는 사람들입니다. 17절에서 '다툼'이라고 번역된 단어는 주로 공직 선거에서 다른 사람으로부터 자신을 돋보이게 하고 내세우고자 하는 욕구를 의미합니다. 늘 그런 사람들이 있습니다. 누군가의 곤경을 자신의 유익으로 이용함으로써 곤경에 처한 사람을 더욱 힘들게 하죠. 보통 사람이라면 이런 일을 당했을 때 당연히 발끈하고 원망도 할 것입니다. 그런데 바울은 그런 것에 매인 사람이 아닙니다. 그는 다른 사람의 평가로부터 자유로운 사람입니다. 바울의 그릇 크기를 보죠.

> 그러면 무엇이냐 겉치레로 하나 참으로 하나 무슨 방도로 하든지 전파되는 것
> 은 그리스도니 이로써 나는 기뻐하고 또한 기뻐하리라 빌 1:18

한 마디로 바울 자신은 상관없다는 것입니다. 형제들이 겉치레로 하나 참으로 하나 자신의 개인적인 감정은 접어두고 그리스도만 전파된다면 상관없다고 합니다. 오히려 기뻐하기까지 합니다. 여기까지가 감옥에 갇힌 현재 상황에서도 바울이 기쁜 이유를 기술한 내용입니다. 그런데 이 기쁨은 현재에

만 머무르지 않습니다. 미래에까지 이어집니다. 18절 후단에서 바울은 자신의 기쁨을 서로 다른 시제로 두 번 기술함으로 이를 암시합니다. '기뻐하고'는 현재까지의 기쁨이며, '기뻐하리라'는 미래까지 이어지는 기쁨입니다.

그리고 19절부터 26절까지의 본문에서 나오는 동사는 모두 미래형을 사용합니다. 원어로 된 성경에서 19절은 '가르'라는 접속사로 시작합니다. 그 의미는 '왜냐하면'인데, 바울이 미래에 계속하여 기뻐하는 이유를 이제부터 기술하는 것입니다.

> 이것이 너희의 간구와 예수 그리스도의 성령의 도우심으로 나를 구원에 이르게 할 줄 아는 고로 빌 1:19

'이것'은 바울의 고난입니다. 바울의 고난으로 인해 사랑하는 교회 형제들이 기도하며 성령의 도우심이 결국 바울을 구원에 이르게 합니다. 여기서 우리는 고난이 가져올 유익을 깨닫습니다. 고난은 그리스도인 형제가 얼마나 사랑이 많은 존재인지를 보여줍니다. 형제의 고난 앞에서 참된 그리스도인들은 간구, 즉 간절히 기도합니다. 고난 가운데 처한 성도를 위하여 간절히 기도하는 사람이 형제입니다.

아직도 구원의 복음을 모르는 이스라엘을 위하여 간절히 기도하시기 바랍니다. 하나님은 우리가 이스라엘의 형제이길 원하십니다. 이스라엘과 이방인인 우리가 그리스도 십자가 안에서 화평을 이루는 형제이길 원하십니다. 고난 가운데 있는 성도들을 위하여 기도하십시오. 이것이 형제 사랑입니다.

고난은 성령님의 도우심을 깨닫게 하며, 고난 없이 성도의 성화를 기대하기는 어렵습니다. 그리고 성화는 성령님의 도우심으로 이루어집니다. 성령님의 일은 우리가 마지막 때에 예수님 품 안에 안길 때까지 계속 이어질 것입니다. 앞서 본 빌립보서 1장 6절, '너희 안에 착한 일을 시작하신 이가 그리스도 예수의 날까지 이루실 줄을 우리는 확신하노라' 라는 말씀이 고난에 놓인 모든 성도들에게 온전히 이루어지길 주님의 이름으로 축원합니다.

그리고 바울은 누구나 맞아들여야 하는 미래인 죽음에 대하여 언급합니다.

> 나의 간절한 기대와 소망을 따라 아무 일에든지 부끄러워하지 아니하고 지금
> 도 전과 같이 온전히 담대하여 살든지 죽든지 내 몸에서 그리스도가 존귀하게
> 되게 하려 하나니 이는 내게 사는 것이 그리스도니 죽는 것도 유익함이라
>
> 빌 1:20–21

바울의 미래에 대한 간절한 소망은 어떤 일에도 '부끄러움 없이', 여기서 부끄러움 없이는' 낙심함이 없이 '라는 의미입니다. 즉 어떤 상황과 고난 가운데에서도 낙심하지 않고 담대하게 살아가는 것과 설사 죽는다 해도 자신의 전 존재가 그리스도를 존귀하게 만드는데 사용되기를 바라는 것이 바울의 소망입니다.

> 그러나 만일 육신으로 사는 이것이 내 일의 열매일진대 무엇을 택해야 할지
> 나는 알지 못하노라 내가 그 둘 사이에 끼었으니 차라리 세상을 떠나서 그리
> 스도와 함께 있는 것이 훨씬 더 좋은 일이라 그렇게 하고 싶으나 내가 육신으
> 로 있는 것이 너희를 위하여 더 유익하리라 내가 살 것과 너희 믿음의 진보와

기쁨을 위하여 너희 무리와 함께 거할 이것을 확실히 아노니 내가 다시 너희와 같이 있음으로 그리스도 예수 안에서 너희 자랑이 나로 말미암아 풍성하게 하려 함이라 빌 1:22-26

그런데 바울은 23절에서 사는 것과 죽는 것 사이에 자신이 끼어 있다고 합니다. 사실 우리 모두도 그렇지요. 그런데 바울은 그 뿐만이 아니라 23절에서는 죽는 것이 훨씬 낫다고 합니다. 원어의 의미를 파악하면, 바울이 죽음에 대하여 매우 사실적으로 묘사한 것임을 알 수 있습니다. 23절의 '떠나서'로 번역된 헬라어 '아날뤼오'는 군대가 막사를 걷어내고 고향으로 돌아갈 때 쓰이는 단어로서, '줄을 풀다'라는 의미입니다. 이 땅에서의 삶은 일시적인 캠프 생활, 즉 나그네의 삶입니다. 이제 캠프 생활이 끝나고 인생이라는 전쟁이 끝나면 그리스도와 영원히 함께 거할 집으로 돌아가 생활하는 것으로 바뀌는 것입니다. 죽음이 바로 그런 것입니다.

그렇다고 해서 바울이 죽음 예찬론자는 아닙니다. 이 땅의 삶이 고난이기에 삶을 회피하는 것도 아닙니다. 그는 삶의 중요성을 인식하고 삶의 기쁨과 균형을 잃지 않습니다. 살아 있어서 열매를 맺기에 사는 것도 유익합니다. 살아있으므로 형제들에게 유익이 되고, 믿음의 진보를 이루고 믿음 안에서의 기쁨을 성도와 함께 누립니다. 바울이 감옥에서 살아 남는 것이 유익함은, 성도와 다시 만남으로 인해 성도들의 간증이 넘치도록 풍성할 것이기 때문입니다.

22절에서 바울은 삶과 죽음 중 무엇을 택해야 할지 모르겠다고 합니다. 이처럼 삶과 죽음 모두에서 기쁨을 누리는 것은, 모든 것을 통하여 선을 이루시며 가장 합당한 방법으로 당신의 뜻을 이루어 가시는 하나님에 대한 굳은 신뢰가 있기에 가능합니다.

바울은 빌립보 성도들에게 말합니다. '고난 가운데에서도 복음을 전하니 기쁘다, 시기와 다툼 가운데에서도 그리스도가 나타나니 기쁘다, 성도의 사랑과 성령님의 도우심으로 기쁘다. 살든지, 죽든지 기쁘다.'는 것입니다. 그리고 바울은 성도들에게 자신의 그 기쁨에 동참하라고 권면합니다. 권면의 구체적인 내용은 본문 1장 27절부터 2장 18절에 나와 있습니다. 그중 우선 28절과 관련하여 간략히 살펴볼까 합니다.

> 무슨 일에든지 대적하는 자들 때문에 두려워하지 아니하는 이 일을 듣고자 함
> 이라 이것이 그들에게는 멸망의 증거요 너희에게는 구원의 증거니 이는 하나
> 님께로부터 난 것이라 빌 1:28

바울은 '무슨 일에든지 대적하는 자들 때문에 두려워하지 아니하는 이 일'이라고 말합니다. 우린 지금까지 바울이 비록 현재 고난 가운데 있고 또한 앞으로도 고난을 겪을 수 있음에도, 더욱이 죽는다 하더라도 기쁨이 넘치는 모습을 보았습니다. 그런 바울이 28절에서 두려움에 대해 언급한 이유는 무엇일까요? 그 이유는 성도에게 있어서 고난은 기쁨을 빼앗아가는 원인이 되지 못하기 때문입니다. 고난이 아니라 바로 두려움이 기쁨을 빼앗아갑니다. 제가 어디선가 들은 이야기인데, 사탄이 귀신들을 모두 모아 인간을 어떻게 하면 쉽게 죽일 수 있을 것인지 논의를 하였다고 합니다. 어떤 귀신이 자신 있게 100명을 죽일 수 있다고 자랑을 했는데 또 다른 귀신이 자신은

쉽게 10,000명을 죽일 수 있다고 했습니다. 그래서 그 방법을 물어보니 먼저 10명만 죽이고 그것을 본 나머지 9,990명에게 죽음에 대한 두려움만 심어주면, 나머지 9,990명도 서서히 그 두려움으로 죽어간다고 하였답니다.

우리에게 고난이 닥치더라도 그 안에서도 우린 살아가게 되어 있습니다. 그 가운데서도 기쁨을 찾을 수 있습니다. 그런데 정말 우리를 죽이는 것, 우리의 영혼을 갉아먹는 것은 두려움입니다. 귀신은 사람의 생각과 감정을 타고 공격합니다. 두려운 생각과 근심하는 마음을 주입하여 사람을 죽이는 것이 귀신의 전략입니다. 생각과 마음 가운데 두려움과 근심 걱정이 싹트기 시작하면 기쁨이 사라집니다. 고난이 문제가 아니라 두려움이 문제인 것입니다. 그래서 바울은 20절에서 낙심하지 말고 '담대하여'라고 말하고 있습니다.

우리는 하물며 죽음조차도 더할 나위 없는 기쁨이 되는 그리스도인들입니다. 고난을 겪는 현실과 자기 자신에만 초점을 두는 것이 아니라 고난 가운데서도 그리스도의 영광에 초점을 두는 그리스도인들입니다. 두려움은 사탄이 주는 속임수입니다.

고난의 한 가운데에서도 '기뻐하고 또한 기뻐하리라'라는 바울의 신앙고백이 저와 여러분, 모든 성도님들의 신앙고백이 되기를 주님의 이름으로 축원합니다.

말씀으로 기도

1. 스스로를 돌아보길 원합니다. 먼저 그리스도인으로서 과연 내 생각, 마음의 초점이 어디에 놓여 있는지 돌아보며 예수 그리스도와 다른 방향에 놓인 것들의 방향을 돌려 달라고 기도합시다. 특히 자기 연민, 근심, 걱정에 내 마음을 빼앗기지 않도록 성령님께 도와 달라고 기도합시다. 두려움으로 기쁨을 잃지 않도록 담대함을 달라고 기도합시다.

2. 고난 가운데 있는 성도를 위하여 간절히 기도합시다. 육신의 연약함, 관계의 어려움, 물질의 고난을 겪고 있는 모든 형제 자매들의 이름을 불러가며 우리가 아는 그들의 고난에 관하여 성령님의 도우심을 간절히 구합시다. 또한 열방의 성도들을 위해 기도합시다. 특별히 이스라엘의 구원을 위해 기도합시다.

3. 교회를 위하여 기도합시다. 하나님 아버지의 집은 기도하는 집이라고 하셨습니다. 각 교회에서 드려지는 기도가 하나님 마음에 합한 기도가 되게 하시고, 기도하는 성도님들과 그 기도 위에 성령의 기름을 넘치도록 부어 주시길 기도합시다.

아무 일에든지 다툼이나 허영으로 하지 말고
오직 겸손한 마음으로 각각
자기보다 남을 낫게 여기고
빌 2:3

3 _ 기쁨의 충만함을 얻기 위하여

빌립보서 1:27-30, 2:1-11

1: 27 오직 너희는 그리스도의 복음에 합당하게 생활하라 이는 내가 너희에게 가 보나 떠나 있으나 너희가 한마음으로 서서 한 뜻으로 복음의 신앙을 위하여 협력하는 것과 28 무슨 일에든지 대적하는 자들 때문에 두려워하지 아니하는 이 일을 듣고자 함이라 이것이 그들에게는 멸망의 증거요 너희에게는 구원의 증거니 이는 하나님께로부터 난 것이라 29 그리스도를 위하여 너희에게 은혜를 주신 것은 다만 그를 믿을 뿐 아니라 또한 그를 위하여 고난도 받게 하려 하심이라 30 너희에게도 그와 같은 싸움이 있으니 너희가 내 안에서 본 바요 이제도 내 안에서 듣는 바니라

2:1 그러므로 그리스도 안에 무슨 권면이나 사랑의 무슨 위로나 성령의 무슨 교제나 긍휼이나 자비가 있거든 2 마음을 같이하여 같은 사랑을 가지고 뜻을

합하며 한마음을 품어 3 아무 일에든지 다툼이나 허영으로 하지 말고 오직 겸
손한 마음으로 각각 자기보다 남을 낫게 여기고 4 각각 자기 일을 돌볼뿐더러
또한 각각 다른 사람들의 일을 돌보아 나의 기쁨을 충만하게 하라 5 너희 안에
이 마음을 품으라 곧 그리스도 예수의 마음이니 6 그는 근본 하나님의 본체시
나 하나님과 동등됨을 취할 것으로 여기지 아니하시고 7 오히려 자기를 비워
종의 형체를 가지사 사람들과 같이 되셨고 8 사람의 모양으로 나타나사 자기
를 낮추시고 죽기까지 복종하셨으니 곧 십자가에 죽으심이라 9 이러므로 하나
님이 그를 지극히 높여 모든 이름 위에 뛰어난 이름을 주사 10 하늘에 있는 자
들과 땅에 있는 자들과 땅 아래에 있는 자들로 모든 무릎을 예수의 이름에 꿇게
하시고 11 모든 입으로 예수 그리스도를 주라 시인하여 하나님 아버지께 영광
을 돌리게 하셨느니라

샬롬! 사랑하는 성도 여러분, 모두 오늘 말씀을 통하여 이 땅의 시민이 아닌 하나님 나라 시민으로서 누리는 기쁨이 충만하시길 주님의 이름으로 축원합니다.

우리는 '눈으로 듣는 빌립보서'를 통하여 '기쁨'이란 주제를 다루고 있습니다. 지금까지 빌립보서 말씀을 통해 기쁨을 누리고 계시나요? 아니면 오히려 머리만 더 아파지고 기쁨과는 거리가 멀어지고 있나요? 만일 후자라면 그건 성경에서 말하는 기쁨과 세상 속에서의 기쁨이 다르다는 것을 모르기 때문입니다. 앞에서 우리는 고난 가운데서도 기뻐하는 바울을 보았습니다. 그러나 세상 속 현실에서는 고난을 기쁨으로 여기기가 쉽지 않습니다.

그럼 기쁨의 개념이 다른 걸까요? 아닙니다. 기쁨의 개념이 다른 것이 아니라 기쁨을 누리는 주체의 정체성이 다르기 때문입니다. 성경에서 말하는 기쁨의 주체는 하나님 나라 시민이고, 세상 속 기쁨의 주체는 세상 시민입니다. 1장 27절에서 바울은 그 점을 밝히면서 고난 속에서도 누리는 바울의 기쁨이 성도들의 기쁨이 될 것을 권면합니다.

> 오직 너희는 그리스도의 복음에 합당하게 생활하라 이는 내가 너희에게 가 보나 떠나 있으나 너희가 한 마음으로 서서 한 뜻으로 복음의 신앙을 위하여 협력하는 것과 **빌 1:27**

27절의 '오직 너희는 그리스도의 복음에 합당하게 생활하라', 이것이 성도들이 성경에서 말하는 기쁨을 누릴 수 있는 대전제입니다. '생활하라'로 번역된 부분은 성경의 각주를 보면 '또는 시민 노릇하라'고 되어 있습니다. 헬라어 원어는 '폴리테이아'로 '시민으로서의 권리와 의무를 행사한다'는 의미입니다. 당시 빌립보시에 관한 배경 지식을 알면 이 표현을 이해하는 데 도움이 될 것입니다. 빌립보는 로마의 식민지였습니다. 그런데 식민지라는 호칭은 로마제국에서 선망의 대상입니다. 식민지 사람들은 로마 시민으로 간주되었기 때문입니다. 그들의 이름은 로마 시민의 명부에 올라 있으며, 그들의 법적 지위와 특권은 로마 자체의 지위와 특권과 같았습니다. 빌립보는 로마로부터 멀리 떨어진 곳이지만 로마의 닮은꼴입니다. 지금 바울은 로마의 식민지로서 로마 시민의 지위와 특권을 누렸던 빌립보 도시의 개념을 이용해서 하나님 나라 시민의 특권을 설명하고 있습니다.

성도들은 은혜로 하나님 나라의 시민들이 되었습니다. 이 땅은 하늘에 있는 고향의 닮은꼴과 같습니다. 하나님 나라의 법이 성도들의 법입니다. 성도들의 특권은 하나님 나라의 특권들입니다. 또한 복음에 합당한 생활은 하나님 나라 시민이 피할 수 없는 의무입니다. 빌립보 사람들이 로마 시민으로서의 의무를 가지고 행하는 것이 그들의 기쁨이요 선망인 것처럼 성도들은 하나님 나라 시민으로서 의무들을 가지고 행할 수 있는 것이 기쁨입니다.

그럼 로마 시민권을 누리는 식민지 사람들에게 요구되는 가장 중요한 의무가 무엇이었을까요? 바로 외적이 쳐들어왔을 때 군사를 동원하여 함께 전쟁을 치르는 일입니다. 그러나 식민지 사람들이 억지로 전쟁에 참여하였던 것은 아닙니다. 전쟁에서 지면 로마 시민권을 빼앗기고 노예가 되기에 기꺼이 전쟁에 참여하게 됩니다. 이와 마찬가지로 하나님 나라 시민인 성도의 가장 중요한 의무 또한 기쁜 마음으로 영적 전쟁을 치르는 것입니다. 즉 27절의 '복음에 합당하게 생활하라'는 말씀은 하나님 나라의 시민 노릇, 즉 시민으로서의 의무를 다하라는 뜻으로 기쁜 마음으로 영적 전쟁을 치르라는 말입니다.

성경은 하나님 나라 군사들에게 가장 중요한 것 세 가지를 27절에서 말하고 있습니다. 한 마음, 한 뜻, 협력입니다. 먼저 '한 마음으로 서서' 입니다. '마음' 으로 번역된 헬라어는 '프뉴마', 성령입니다. 하나님 나라 군대의 첫 요소는 성령의 연합입니다. 빌립보서 4장 1절의 '주 안에 서서' 와 일맥상통하는 말입니다. 그리고 '서서' 라는 말은 전투가 치열하더라도 자기 자리를 떠나지 않고 끝까지 지키려는 군사들의 자세를 말합니다. 성경의 시대를 배경으로 하는 영화에서 로마군들이 방패를 들고 대형을 유지하며 전투하는 장면을 연상하시면 됩니다.

앞에서 말씀드린 것처럼 기쁨을 빼앗는 것은 두려움이며, 그 배후에는 사탄이 있습니다. 기쁨이 충만하기 위해서는 영적 전쟁을 치러야 합니다. 성도 여러분, 그런데 그 영적 전쟁에서 명심하여야 할 것은 우리가 혼자 싸우는 것이 아니고, 하나님이 부르신 군대의 일원으로서 싸운다는 사실입니다. 그리고 그 군대는 하나님이 지휘관이시고 가장 앞에 계십니다. 하나님 나라 시민 군대는 성령 하나님으로 연합되는 것임을 잊지 말아야 합니다. 혼자서 자기 힘으로 전쟁을 치르는 것이 아니라 성도들이 군대를 이루어 함께 성령 안에 서서 싸우는 것입니다.

둘째로 하나님 나라 군사에게 중요한 것은 '한 뜻' 입니다. 이것은 내면적인 것으로서 '마음, 정신, 가치의 하나됨' 입니다. 군대와 마찬가지로 함께 영적 전쟁을 치러야 하는 성도들도 운명 공동체이기에 다른 마음이나 생각을 품어서는 전쟁을 치르는 군대라 할 수 없습니다. 한 뜻을 다른 말로 하면

'신조'라고 할 수 있습니다. 우린 같은 신앙고백을 하는 성도입니다. 대표적인 것이 사도신경이라 할 수 있습니다. 사도신경은 초기 교회부터 일종의 암호의 역할을 하였다고 합니다. 진짜 아군인지를 확인하는 구호입니다. 성도는 동일한 구호를 외치는 하나님 나라 시민 군대입니다.

셋째는 '협력', 즉 행동의 연합을 의미하며 각자의 은사를 동료들을 위하여 사용하는 것을 말합니다. 성도 여러분, 하나님은 하나님 나라 시민들에게 각각의 은사를 주십니다. 그런데 이 은사는 자신을 위하여 사용하라고 주신 것이 아니고 자랑하라고 주신 것도 아닙니다. 다른 사람을 유익하게 하라고 주신 겁니다. 중보기도 가운데 성도의 성화를 위하여 서로 기도하는 것이 중요합니다. 성도를 세우는 기도이기에 중요한 겁니다. 우리의 은사도 다른 성도를 세우는 일에 쓰임 받도록 주신 것이며, 서로를 세우도록 협력해야 합니다. 한 마음, 한 뜻, 협력하는 것은 하나님 나라 시민으로서 합당하게 생활하며 하나님 나라 시민으로서 누리는 기쁨을 지키는 군대의 모습입니다. 그런 군대이기에 전쟁에서 승리합니다.

> 무슨 일에든지 대적하는 자들 때문에 두려워하지 아니하는 이 일을 듣고자 함이라 이것이 그들에게는 멸망의 증거요 너희에게는 구원의 증거니 이는 하나님께로부터 난 것이라 그리스도를 위하여 너희에게 은혜를 주신 것은 다만 그를 믿을 뿐 아니라 또한 그를 위하여 고난도 받게 하려 하심이라 너희에게도 그와 같은 싸움이 있으니 너희가 내 안에서 본 바요 이제도 내 안에서 듣는 바니라 **빌 1:28-30**

한 마음, 한 뜻으로 협력하는 하나님의 군대는 하나님 나라를 대적하는 자들이 주는 어떠한 두려움도 물리치고 승리합니다. 대적자들에게는 패망의 소식이고, 하나님 나라 시민인 성도에게는 구원을 받을 명백한 증거입니다. 하나님께서 불러 소집하시고, 하나님이 보내시는 군대라는 증거입니다.

이것이 은혜입니다. 은혜란 단지 믿음을 주신 것 뿐만 아니라 이 땅에서 하나님 나라 시민으로서 전쟁을 치르는 과정에서 고난을 받게 하시는 것도 은혜입니다. 고난은 하나님이 우리를 잊어버리셨다는 증거가 아니라 하나님의 은혜가 실제로 우리 삶 속에서 역사한다는 증거입니다. 하나님 나라 시민이라는 증거이니 고난 속에서도 기뻐할 수 있습니다. 하나님 나라 성도들이 치르는 영적 전쟁은 바울이 말하는 전쟁과 같습니다. 바울이 말하는 승리의 기쁨이란 성도들이 삶가운데서 영적 전쟁을 치르며 고난을 겪으면서도 누리는 기쁨을 의미합니다. 이는 곧 하나님 나라 시민이 된 증거의 기쁨이며 빌립보 교인들과 지금 우리들의 기쁨이기도 합니다. 할렐루야!

그런데 대적자를 대항하여 승리하기 위한 한 마음, 한 뜻, 협력은 어느 날 하루 아침에 이루어지는 것이 아닙니다. 평소 농사만 짓던 사람들이 군인으로 갑자기 소집되어 전쟁에 나가면 싸움을 할 수 있나요? 그들이 일사불란하게 대오를 갖추고 연합하여 전쟁을 치를 수 있을까요? 아마 어려울 것입니다. 그렇다면 평소에 무엇을 열심히 해야 할까요? 훈련을 해야 합니다. 운동선수들도 평소에 훈련을 열심히 해야 본 경기에서 본능적으로 경기를 치를 수 있습니다. 권투선수가 상대방의 주먹이 오는 것을 피할 때에는 이론적으로 생각하면서 피하고 반격하는 것이 아니라 평소 훈련한 것이 그대로 드러날 뿐입니다. 그래서 바울은 하나님 나라 시민으로서 평소에 무엇을 훈련하여야 할 것인지를 한 마디로 알려줍니다. 오늘 본문에서 가장 핵심적인 구절은 2장 3절입니다. '각각 자기보다 남을 낮게 여기고'입니다. 이 구절을 가슴에 새기길 원합니다. 매일의 삶 속에서 훈련하듯이 반복하여 실천하시기 바랍니다.

> 그러므로 그리스도 안에 무슨 권면이나 사랑의 무슨 위로나 성령의 무슨 교제나 긍휼이나 자비가 있거든 마음을 같이하여 같은 사랑을 가지고 뜻을 합하며 한마음을 품어 아무 일에든지 다툼이나 허영으로 하지 말고 오직 겸손한 마음으로 각각 자기보다 남을 낮게 여기고 각각 자기 일을 돌볼 뿐더러 또한 각각 다른 사람들의 일을 돌보아 나의 기쁨을 충만하게 하라 빌 2:1-4

그리스도 안에 권면이 있습니까? 여기서 권면은 '파라칼레오'로서 '가까이 부름'이란 의미입니다. 즉 그리스도 안으로의 부르심이 있습니까? 우리 안에 사랑의 위로, 성령의 교제, 긍휼, 자비가 있습니까? 2절부터 3절 전반부를 보면 같은 사랑, 한 뜻, 한 마음을 품으라고 합니다. 그런데 바울을 시기하고 자신의 허영으로 복음을 전하는 사람도 있었다고 합니다. 바울은 그런 다툼과 허영으로 말고 오직 겸손한 마음으로 각각 즉 모든 성도들 각자가 자기보다 남을 낮게 여기라고 합니다. 약간 우스갯소리 같지만 조심하여야 할 것은, '낮게'의 받침은 시옷입니다. 지읒이면 남을 낮추어 버리니 안 됩니다. 그렇게 남을 낮게, 즉 더 높게 여기고 자기 일 뿐 아니라 남의 일을 돌보면 바울 자신의 기쁨도 더욱 충만할 것이라고 합니다.

이처럼 바울은 성도들의 생활 속 훈련으로 인하여 자신이 기쁘게 된다고 말함으로써 기쁨은 자기 자신만을 향하는 것이 아니라 다른 성도와 교회 전체의 기쁨을 향하여 전개되는 것임을 알리고자 합니다. 이런 겁니다. 하나님 나라 시민의 기쁨은 내가 잘나서 내가 기쁜 것이 아니라 다른 성도를 세워줌으로서 그를 기쁘게 하는 것이고, 그 기쁨이 서로 순환되고 흐르면서 모두의 기쁨이 되고 나의 기쁨이 되는, 곧 공동체적 기쁨을 누리는 것을 말합니다. 즉 기쁨의 충만이란 나 혼자의 기쁨이 아니라 개인을 넘어 전체의 기쁨이 되는 것을 의미합니다.

성경에서 말하는 기쁨은 기쁨의 주체가 세상과 다르다고 하였습니다. 먼저는 하나님 나라 시민이 누리는 기쁨입니다. 그리고 개인의 기쁨을 넘어서 공동체적 기쁨입니다. 이 기쁨은 삶 속에서의 훈련에서 시작되며, 훈련 내용은 자기보다 남을 낫게 여기는 것입니다. 그렇게 훈련된 하나님 나라 시민들이 한 마음, 한 뜻으로 복음의 신앙을 위하여 협력하여 대적자들과 싸워 승리함으로 모두가 함께 기뻐하는 것이 이 땅에서의 교회의 승리이고 성도의 기쁨입니다. 자기보다 남을 낫게 여기는 것은 삶속에서의 훈련이며, 훈련은 결코 쉽지 않습니다. 그런데 바울은 이것을 인간적인 마음으로 이뤄내라고 하지 않습니다. 자기보다 남을 낫게 여길 수 있는 근거를 우리에게 제시합니다.

> 너희 안에 이 마음을 품으라 곧 그리스도 예수의 마음이니 그는 근본 하나님의 본체시나 하나님과 동등됨을 취할 것으로 여기지 아니하시고 오히려 자기를 비워 종의 형체를 가지사 사람들과 같이 되셨고 사람의 모양으로 나타나사 자기를 낮추시고 죽기까지 복종하셨으니 곧 십자가에 죽으심이라 이러므로

하나님이 그를 지극히 높여 모든 이름 위에 뛰어난 이름을 주사 하늘에 있는 자들과 땅에 있는 자들과 땅 아래에 있는 자들로 모든 무릎을 예수의 이름에 꿇게 하시고 모든 입으로 예수 그리스도를 주라 시인하여 하나님 아버지께 영광을 돌리게 하셨느니라 빌 2:5-11

그것은 바로 예수 그리스도의 마음입니다. 하늘의 영광을 버리고 우리와 같은, 아니 더 낮은 모습으로 찾아오신 예수님 앞에 오히려 만물이 무릎을 꿇습니다. 이 말씀이 바로 우리가 그리스도인으로서 그리고 하나님 나라 시민으로서 기쁨을 충만하게 이루기 위해 자기보다 남을 낮게 여길 수 있는 근거이며 원천입니다. 삶 속에서 우리의 훈련을 방해하는 다툼이나 허영 그리고 교만한 마음이 생길 때마다 이 말씀을 읽고 가슴에 새기시기를 바랍니다. 천천히 2장 6절부터 11절까지를 소리내어 읽으시기 바랍니다. 이것이 복음이고, 우리 모두의 기쁨의 원천입니다.

부디 하나님 나라의 시민인 모든 성도들이 언제나 그리스도 예수의 마음을 품고 자기보다 남을 낮게 여기는 하나님 나라 군사로 훈련되어 기쁨을 충만하게 누리길 주님의 이름으로 축원합니다.

말씀으로 기도

1. 자신을 돌아봅시다. 우리 자신이 하나님 나라 시민임을 잊지 않기를 원합니다. 성령님께서 언제나 우리의 신분을 깨닫게 하시고, 이 땅에서 하나님 나라 시민으로서 우리의 의무를 기쁨으로 감당하게 하여 달라고 기도합시다.

2. 하나님 나라 시민으로서 자기보다 남을 낮게 여기는 훈련을 날마다 반복할 수 있도록 그리스도 예수의 마음을 우리 마음에 새겨 주시기를 기도하며, 성도들 각자가 서로의 기쁨이 되는 충만함을 누릴 수 있도록 기도합시다.

3. 교회를 위하여 기도합시다. 교회는 이 땅에 하나님이 세우신 하나님 나라의 축소판입니다. 하나님이 총사령관 되셔서 성령으로 연합되게 하시고 한 뜻, 한 신앙으로 일치되게 하시며, 성도 각자의 은사로 서로를 섬겨 협력함으로써 주님을 증거하는 교회가 되게 해달라고 기도합시다. 이 땅의 모든 교회가 하나님 나라 군대로서 대적자들을 싸워 물리칠 수 있도록 기도합시다.

4. 각 교회의 모든 사역 위에 성령 하나님의 교제와 교통, 임재하심으로 모든 성도가 함께 충만한 기쁨을 누릴 수 있도록 기도합시다.

이는 너희가 흠이 없고 순전하여
어그러지고 거스르는 세대 가운데서 하나님의 흠 없는
자녀로 세상에서 그들 가운데 빛들로 나타내며
빌 2:15

4 _ 구원을 이루는 기쁨의 힘

눈으로보는동영상

빌립보서 2:12-18

12 그러므로 나의 사랑하는 자들아 너희가 나 있을 때뿐 아니라 더욱 지금 나 없을 때에도 항상 복종하여 두렵고 떨림으로 너희 구원을 이루라 13 너희 안에서 행하시는 이는 하나님이시니 자기의 기쁘신 뜻을 위하여 너희에게 소원을 두고 행하게 하시나니 14 모든 일을 원망과 시비가 없이 하라 15 이는 너희가 흠이 없고 순전하여 어그러지고 거스르는 세대 가운데서 하나님의 흠 없는 자녀로 세상에서 그들 가운데 빛들로 나타내며 16 생명의 말씀을 밝혀 나의 달음질이 헛되지 아니하고 수고도 헛되지 아니함으로 그리스도의 날에 내가 자랑할 것이 있게 하려 함이라 17 만일 너희 믿음의 제물과 섬김 위에 내가 나를 전제로 드릴지라도 나는 기뻐하고 너희 무리와 함께 기뻐하리니 18 이와 같이 너희도 기뻐하고 나와 함께 기뻐하라

샬롬! 사랑하는 성도 여러분, 오늘 말씀 가운데 임하시는 성령을 통하여 기쁨으로 구원을 이루기를 주님의 이름으로 축원합니다.

앞에서 기쁨 충만을 위하여 복음에 합당하게 생활하는 것에 관하여 살펴보았습니다. 자기보다 남을 낮게 여기는 매일의 훈련이 필요하며, 이는 그리스도의 겸손한 마음으로부터 가능케 된다고 하였습니다. 그런데 오늘 본문 말씀 중 12절, 13절은 그냥 쭉 읽기만 해서는 이해하기가 쉽지 않은 말씀입니다. '너희 구원을 이루라'. 무언가 이상합니다. 믿음으로 이미 구원을 받은 우리로 하여금 구원을 이루라는 이 첫 문장부터 이해하기가 어렵습니다. 지난 번에는 하나님 나라의 시민, 특히 하나님 나라 군사라는 측면에서 말씀을 보았다면 오늘은 15절에 언급된 하나님의 자녀라는 측면에서 말씀을 보겠습니다.

> 그러므로 나의 사랑하는 자들아 너희가 나 있을 때뿐 아니라 더욱 지금 나 없을 때에도 항상 복종하여 두렵고 떨림으로 너희 구원을 이루라 빌 2:12

'그러므로' 라고 합니다. 이는 2장 9절의 '이러므로' 와 조화를 이루는 말입니다. 2장 9절부터 11절에서 하나님께서 자기 아들의 순종의 가치를 평가하고 그에 반응하신 것처럼 그리스도인은 예수 그리스도가 보이신 본에 반응해야함을 12절부터 18절에 걸쳐 말하고 있습니다.

본격적으로 말씀 속으로 들어가기 전에 구원에 관하여 간략히 살펴볼까 합니다. 구원은 과거, 현재, 미래를 모두 포함하는 개념입니다. 먼저 과거는 좁은 의미의 구원으로서 믿음으로 단번에 이루어지는 구원입니다. 이를 '거듭남' 이라고 이해하시면 됩니다. 이전에 죄의 노예가 되었던 '나' 는 죽고, 하나님의 전적인 은혜로 믿음을 선물 받고 새로운 피조물인 하나님의 자녀로 거듭난 것입니다. 우리는 모두 부모를 통해 태어났습니다. 이 태어남에 우리의 공로가 전혀 없습니다. 우리가 노력해서 태어난 것이 아닙니다. 이와 마찬가지로 우리의 거듭남은 아버지되시는 하나님의 전적인 은혜로 인해 이루어집니다. 우리의 의지, 노력 등 나의 의로움을 내세울 것이 전혀 없습니다.

그런데 아기가 태어나면 거기서 끝이 아니라 자라나야 합니다. 때가 되면 기어 다니고 걷고 뛰며 매일 매일 성장합니다. 거듭난 우리에게 요구되는 이러한 변화를 '성화' 라고 합니다. 이것이 과거 거듭난 자의 현재의 모습이며 구원의 현재형입니다. 그리고 마지막으로 구원의 미래가 있습니다. 성화의 종착점으로서 이것을 '영화' 라고 합니다. 거듭난 우리가 성장하여 그리스도의 장성한 분량에 이르고 부활의 영광의 옷을 입는 순간입니다. 그 순간은 예수님께서 재림하시는 때이며, 거듭남과 영화는 전적으로 하나님의 은혜로만 나타납니다. 그런데 구원의 현재형인 성화는 12절에서 그리스도인이 '이루며', 13절에서 하나님이 안에서 '행하시는' 일로 이루어집니다.

아기가 걸음마를 시작하는 것을 생각하면 이해하기 쉽습니다. 아기가 첫걸음을 뗄 때, 아기에게도 걷고자 하는 의지와 노력이 분명히 필요합니다. 그리고 부모는 우유도 먹이고, 기저귀도 갈아주며 숱한 수고를 마다하지 않습니다. 또 아기가 걷도록 박수도 쳐주고, 칭찬도 해주면서 아기의 의지와 노력을 북돋아 줍니다. 우리의 성화도 그와 비슷합니다.

12절에서는 마치 걸음마를 떼야 하는 아기와 같은 그리스도인이 해야 할 세 가지의 일을 알려 줍니다. 첫째, '복종하여' 입니다. 가장 먼저 그리스도인의 순종을 강조합니다. 왜냐하면 그리스도인의 최종 목적지인 '영화'는 예수님과 같이 되는 것인데, 8절의 말씀처럼 예수님께서는 자기를 낮추시고 죽기까지 '복종' 하셨기 때문입니다.

둘째, '이루라'는 명령입니다. 바울이 명령을 한다는 건 성화 즉 현재의 구원을 이루는 것의 책임이 우리 자신에게 있다는 의미입니다. 목마른 사람을 물 있는 곳으로 데려가 줄 수는 있어도 그 물을 마셔야 하는 것은 그 사람 몫입니다. 개인적인 영적 성장에 대한 최종 책임은 결국은 그 사람에게 있습니다. 자신을 위한 자신의 책임입니다. 이처럼 성화의 최종 책임은 나 자신에게 있음을 잊지 말아야 합니다.

셋째, '두렵고 떨림으로' 입니다. 이것은 그리스도인들이 갖추어야 할 영적 민감함이며 바로 하나님에 대한 민감함을 의미합니다. 또한 구원의 귀중함에 대한 민감함을 말합니다. 여기서의 두려움은 죄인의 신분으로 거룩한 하나님 앞에서 느끼는 두려움이 아니라, 거듭난 하나님의 자녀 신분으로 사랑이 많으신 아버지 앞에서의 두려움입니다. 하나님께서 우리에게 무슨 벌이라도 내릴까 봐 두려워하는 것이 아니라, 반대로 하나님의 자녀인 우리가 그분에게 뭔가를 잘못 행할까 봐 두려워하는 것입니다. 코람데오, 즉 하나님 앞에 서면 우리는 여전히 유혹에 약한 자신의 모습을 인정할 수밖에 없고 하나님을 향한 경건한 두려움과 떨림이 있습니다. 그리스도인은 이 민감함을 놓치지 말아야 합니다. 솔직히 세 번째의 두려움과 떨림의 민감함이 있어야 앞의 두 가지, 곧 순종과 책임이 가능합니다.

사랑하는 성도 여러분, 부디 거듭난 하나님의 자녀로서 순종과 책임, 민감함을 잃지 않는 저와 여러분이 되시길 주님의 이름으로 축원합니다. 이제는 하나님의 일에 대하여 살펴보고자 합니다.

> 너희 안에서 행하시는 이는 하나님이시니 자기의 기쁘신 뜻을 위하여 너희에
> 게 소원을 두고 행하게 하시나니 빌 2:13

우선 13절은 원어에서는 '가르', 우리말로는 '왜냐하면' 이란 접속사로 시작됩니다. 12절을 가능케 하는 이유입니다. 하나님의 일 측면도 역시 세 가지로 살펴볼 수 있습니다.

첫째, '행하시는' 입니다. 하나님이 행하십니다. 원어는 '에네르게오' 의 현재 분사형으로 지속적으로 행하고 있다는 사실을 나타냅니다. 원어적 의미는 단순히 행하는 것이 아니라, '역동적으로 일하다, 강력하게 효과적으로 일하다' 란 뜻을 갖고 있습니다. '에네르게오' 에서 파생된 단어가 영어로 에너지입니다. 하나님은 그냥 일하시는 것이 아니라 쉼 없이 계속하여 활동하십니다. 절대 주무시지 않으십니다. 우리는 그분을 잊어버리지만 그분은 잊지 않으십니다. 매우 역동적으로 일하시고, 효과적으로 역사하십니다. 하나님은 결코 당신의 경로를 벗어나지 않으시고, 목적을 이루시는데 실패하지도 않으십니다. 그런 하나님의 일하심을 깨닫는다면 고민할 것 없이 얼른 그분 앞에 복종하는 것이 신상에 좋습니다. 버텨 봐야 하나님의 에너지를 이길 수 없습니다. 복종하는 것이 샬롬입니다. 우리에게 샬롬이 없다면, 그건 하나님이 우리 곁에 계시지 않은 것이 아니라 우리가 모른 체하거나 복종하지 않았기 때문입니다.

둘째, '너희에게 소원을 두고 행하게 하시나니' 입니다. 그리스도를 따르

는 십자가의 길과 사탄을 따르는 유혹의 길이 우리 앞에 놓여 있습니다. 그런데 우리가 그리스도의 길을 따르지 않는 것은, 우리가 십자가의 길을 선택하지 못하거나 아니면 그것을 선택하고도 걸어가지 못하거나 둘 중 하나입니다. 선택할 능력이 소원이며, 성취할 능력이 행함입니다. 죄는 선택할 능력과 성취할 능력 모두를 방해합니다. 그래서 죄인이었던 우리는 그리스도를 닮을 능력 자체를 빼앗겼었습니다. 그런데 하나님은 이 모두를 완전히 회복시키셨습니다. 먼저 우리에게 소원을 두고 행하게 하십니다. 본문의 '소원'은 원어적으로 '의지'라는 의미를 갖습니다. 이제 우리로 하여금 그리스도의 길을 선택할 의지를 다시 생겨나게 하시고, 하나님의 에너지를 우리에게 나눠 주셔서 걸어갈 능력도 생기게 하십니다.

이것이 바로 '구원을 이루라'는 명령이 결코 무겁지만은 않은 이유입니다. 성화에 관한 우리의 책임 뒤에는 우리의 의지와 행위 모두를 가능케 하신 하나님의 온전한 돌보심이 있음을 우린 잊지 말아야 합니다. 예수님이 메라고 하시는 멍에는 결코 무겁지 않습니다.

셋째, 그럼 도대체 왜 하나님은 그토록 쉬지 않고 역동적으로 일하시고, 우리에게 소원을 두고 행하게 하실까요? 우리가 하나님의 일하심에 열심히 반응할 것을 기대하셔서일까요? 하나님이 열심히 일하시는 것을 우리가 너무도 원해서일까요? 아닙니다. 누가 하나님의 일하심의 동력이 될 정도로 반응하고 원한 적이 있나요? 오히려 하나님의 일하심에 나무토막처럼 아무 반응도 하지 않은 채 하나님의 일하심을 원하기는 커녕 나를 성화하는 일에 하나님이 이제 그만 신경 써 주시기를 은근히 바라지 않나요? 하나님 앞에서의 두렵고 떨림, 그 민감함이 솔직히 부담스럽지 않은가 말입니다.

하나님께서 일하시는 이유는 13절, '자기의 기쁘신 뜻을 위하여' 입니다. '하나님이 좋으셔서' 란 말입니다. 그냥 그분이 원하시기 때문입니다. 이해가 가시는지요?

> 여호와께서 너희를 기뻐하시고 너희를 택하심은 너희가 다른 민족보다 수효가 많기 때문이 아니니라 너희는 오히려 모든 민족 중에 가장 적으니라 여호와께서 다만 너희를 사랑하심으로 말미암아 신 7:7-8

하나님께서 우리를 사랑하시기 때문에 '사랑하신다!' 라고 하십니다. 자녀들이 부모에게 왜 사랑하냐고 묻는다면 뭐라고 답하실까요? 말을 잘 들어서? 공부를 잘해서? 착한 아이라서? 부모님 은혜에 감사해서요? 그럼 말 안 듣고 공부 못하고 나쁜 아이, 부모의 은혜도 모르는 자녀는 사랑하지 않나요? 무슨 말이 필요할까요? 너희를 사랑하기에 사랑한다. 이것은 설명이 아니라 존재입니다. 부모와 자녀라는 존재 자체입니다. '하나님은 사랑이시라', 하나님이 일하시는 이유는 그분의 존재 자체입니다. 하나님은 우리를 절대 포기하지 않으십니다. 할렐루야!
14절부터 16절은 구원에 이르는 하나님 자녀의 특징에 대하여 세 가지로 알려 주고 있습니다.

> 모든 일을 원망과 시비가 없이 하라 이는 너희가 흠이 없고 순전하여 어그러지고 거스르는 세대 가운데서 하나님의 흠 없는 자녀로 세상에서 그들 가운데 빛들로 나타내며 생명의 말씀을 밝혀 나의 달음질이 헛되지 아니하고 수고도

헛되지 아니함으로 그리스도의 날에 내가 자랑할 것이 있게 하려 함이라

빌 2:14-16

첫째, 하나님 자녀는 원망과 시비가 없습니다. 어떠한 종류의 불평이나 '나' 중심의 비판을 없도록 해야 하는 것입니다. 이스라엘 백성이 애굽에서 나온 후 가장 많이 한 것이 무언가요? 불평과 원망입니다. 원망이 시작되면 매우 위험하다는 신호입니다.

둘째, 흠이 없고 순전한 자녀입니다. 우리가 흠 없는 자녀일 수 있는 것은 예수 그리스도께서 흠이 없으시기 때문입니다. 하나님이 영원 전에 그리스도 안에서 우리를 택하셨을 때 이미 우리의 흠 없음을 염두에 두셨습니다.

셋째, 생명의 말씀을 밝히는 빛입니다. 하나님 자녀의 입술은 복음을 증언하며, 하나님 자녀의 행동은 그리스도를 증거합니다. 이 세 가지의 하나님 자녀의 특징을 한 마디로 하면 하나님의 자녀는 '믿음의 제물' 이라고 할 수 있습니다.

만일 너희 믿음의 제물과 섬김 위에 내가 나를 전제로 드릴지라도 나는 기뻐하고 너희 무리와 함께 기뻐하리니 이와 같이 너희도 기뻐하고 나와 함께 기뻐하라 빌 2:17-18

하나님의 자녀는 믿음의 제물이라는 말은 우리가 제사장의 지위를 갖고 있음을 의미합니다. 우리의 순종과 책임, 두렵고 떨림으로 구원을 이루는 모든 과정이 제사장으로서 제물을 드리는 것과 같습니다. 바울은 그 제물 위에

자신의 전제를 기꺼이 드린다고 합니다. 전제는 제사의 마지막 단계에서 제물 위에 포도주를 부어드리는 의식인데 바울의 순교를 상징합니다. 다시 말해 기쁨으로 순교한다는 말입니다. 바울이 말합니다. '너희도 기뻐하고 나와 함께 기뻐하라' 고 말입니다. 우리 모두가 하나님의 자녀이고 제사장이기에 기뻐할 수 있습니다.

하나님의 자녀라는 사실만으로도 충분히 기쁩니다. 그리고 하나님의 자녀이기에 기쁨으로 구원을 이루기 위해 애를 씁니다. 하나님은 우리의 아버지이십니다. 그저 사랑하십니다. 절대 포기하지 않으십니다. 부디 저와 여러분, 오늘 하루 또 남은 날 동안 기쁨으로 구원에 이르는 하나님의 자녀답게 선택하고 행하시기를 주님의 이름으로 축원합니다.

말씀으로 기도

1. 스스로를 돌아보길 원합니다. 우리 자신이 하나님의 자녀임을 잊지 않기를 원합니다. 아버지께 순종하는 자녀인지, 구원을 이루는 책임을 다하는 자녀인지, 두렵고 떨림으로 아버지 앞에 있음을 민감하게 받아들이는지 돌아보며 구원을 이루는 자녀로서 살 수 있도록 도와주실 것을 기도합시다.

2. 우리 안에서 역동적으로 일하시고 우리의 의지와 실천을 가능케 하시는 하나님을 기억하며, 하나님께서 우릴 자녀로서 사랑하심으로 끝까지 포기하지 않으시는 신실하심에 의지하여 매일매일 원망과 시비 없이 말씀을 선포하고 말씀대로 살아내며 흠 없는 자녀로 성장케 해 주

시기를 기도합시다.

3. 교회를 위하여 기도합시다. 믿음의 제물된 성도들이 함께 하는 교회되게 하시고, 제사장으로서 그 사명을 감당하는 교회로서 전제로 드려 질지라도, 기쁨이 넘치는 교회로 세워 달라고 기도합시다.

4. 각 교회의 모든 사역 위에 성령 하나님의 교제, 교통, 임재하심으로 모든 성도가 함께 충만한 기쁨을 누릴 수 있도록 기도합시다.

그들이 다 자기 일을 구하고
그리스도 예수의 일을 구하지 아니하되
빌 2:21

5 _ 누군가를 위해 기뻐한다는 것

눈으로보는동영상

빌립보서 2:19-30

19 내가 디모데를 속히 너희에게 보내기를 주 안에서 바람은 너희의 사정을 앎으로 안위를 받으려 함이니 20 이는 뜻을 같이하여 너희 사정을 진실히 생각할 자가 이밖에 내게 없음이라 21 그들이 다 자기 일을 구하고 그리스도 예수의 일을 구하지 아니하되 22 디모데의 연단을 너희가 아나니 자식이 아버지에게 함같이 나와 함께 복음을 위하여 수고하였느니라 23 그러므로 내가 내 일이 어떻게 될지를 보아서 곧 이 사람을 보내기를 바라고 24 나도 속히 가게 될 것을 주 안에서 확신하노라 25 그러나 에바브로디도를 너희에게 보내는 것이 필요한 줄로 생각하노니 그는 나의 형제요 함께 수고하고 함께 군사 된 자요 너희 사자로 내가 쓸 것을 돕는 자라 26 그가 너희 무리를 간절히 사모하고 자기가 병든 것을 너희가 들은 줄을 알고 심히 근심한지라 27 그가 병들어 죽게 되었으나 하나님이 그를 긍휼히 여기셨고 그뿐 아니라 또 나를 긍휼히 여기사 내 근심 위에 근심을 면하게 하셨느니라 28 그러므로 내가 더욱 급히 그를 보낸 것은 너희로 그를 다시 보고 기뻐하게 하며 내 근심도 덜려 함이니라 29 이러므로 너희가 주 안에서 모든 기쁨으로 그를 영접하고 또 이와 같은 자들을 존귀히 여기라 30 그가 그리스도의 일을 위하여 죽기에 이르러도 자기 목숨을 돌보지 아니한 것은 나를 섬기는 너희의 일에 부족함을 채우려 함이니라

샬롬! 사랑하는 성도 여러분, 오늘도 하나님 말씀을 받아 기쁨으로 주님의 일을 감당하길 주님의 이름으로 축원합니다.

오늘 말씀은 바울이 빌립보 교회에 디모데를 파송할 것을 알리는 내용과 함께 바울이 로마에 갇혔다는 소식을 듣고 빌립보 교회에서 바울의 수감생활을 돕도록 예전에 보냈던 에바브로디도를 다시 빌립보 교회로 돌려보낼 것을 알리는 내용입니다. 그런데 그 내용은 단순히 소식을 전하는 것에 머무르는 것이 아니라 지금까지 빌립보서에서 바울이 기록한 하나님 나라의 시민, 군대, 하나님의 자녀로서 서로를 세우며 사랑하고 함께 기뻐하는 아름다운 그리스도인의 실례를 디모데와 에바브로디도를 통해 알려주고 있습니다.

먼저 디모데입니다. 사도행전 16장에 따르면 디모데는 루스드라 출신으로 헬라인 아버지와 유대인 어머니 사이에서 태어났습니다. 그는 경건한 어머니의 영향을 받은 것으로 보이며 바울의 제 2차 전도여행 때에 바울을 수행하는 동역자로서 빌립보 교회의 설립에 동참하였습니다. 디모데는 빌립보 외에도 고린도, 에베소, 로마에서도 바울과 함께 하였는데, 바울이 어떤 교회에 충고와 권면을 하고자 할 때 바울 자신이 갈 수 없으면 언제나 디모데를 보냈습니다. 오늘 본문에서 보는 바와 같이 디모데는 빌립보에도 갔고, 데살로니가(살전 3:6)와 고린도(고전 4:17)에도 갔습니다. 이처럼 바울이 디모데를 어디든지 보낼 수 있었던 것은 그가 항상 기꺼이 갈 수 있는 사람이었기 때문입니다.

이로 말미암아 내가 주 안에서 내 사랑하고 신실한 아들 디모데를 너희에게

보내었으니 그가 너희로 하여금 그리스도 예수 안에서 나의 행사 곧 내가 각
처 각 교회에서 가르치는 것을 생각나게 하리라 고전 4:17

바울은 디모데를 '주 안에서 내 사랑하는 신실한 아들' 이라고 불렀습니다.
바울과 디모데는 서로 아버지와 아들과 같은 존재였습니다. 가히 '이밖에
내게 없음이라' 고 바울이 인정할 만한 인물이었습니다.

내가 디모데를 속히 너희에게 보내기를 주 안에서 바람은 너희의 사정을 앎으
로 안위를 받으려 함이니 빌 2:19

19절에서 바울은 디모데를 빌립보 교회에 보내는 이유를 말하고 있습니다.
이는 빌립보 교인들이 디모데를 통해 바울의 소식을 전해 듣고 격려 받도록
하기 위함이었으며, 또한 바울 자신도 빌립보 교인들이 믿음 안에서 견고하
게 서 있다는 소식을 듣게 된다면 감옥에서 겪는 모든 고통을 잊을 수 있었
기 때문일 것입니다. 성경에서 '안위를 받으려' 로 번역된 헬라어 '유프쉬케
오' 는 '활기가 있다', '기뻐하다', '용기를 가지다' 라는 뜻입니다. 성도의
교제는 서로에게 활기와 용기를 주는 것이며, 성도의 기쁨은 '나홀로' 누리
는 것이 아니라 '함께' 누리는 것입니다. 바울의 이런 뜻을 같이하는 사람이
디모데입니다. 바울이 디모데를 보낼 수밖에 없는 이유를 세 가지로 설명하
고 있습니다.

이는 뜻을 같이하여 너희 사정을 진실히 생각할 자가 이밖에 내게 없음이라
빌 2:20

첫째, 디모데는 다른 그리스도인들에 대한 진정한 관심을 갖고 있었습니다. 20절의 '진실히' 로 번역된 헬라어 '그노시오스' 라는 단어는 '결혼에서 나온', '합법적으로 태어난' 이란 의미를 갖고 있습니다. 디모데의 다른 그리스도인에 대한 관심은 강요되거나 인위적인 것이 아니라, 거듭난 자의 당연한 성품으로부터 나오는 참된 염려인 것입니다.

그들이 다 자기 일을 구하고 그리스도 예수의 일을 구하지 아니하되 빌 2:21

둘째, 디모데의 그리스도 예수에 대한 헌신은 다른 사람들과 구별되었습니다. 아마도 바울은 로마에 방문했을 당시에 자신이 나름 많이 알려진 사람이라서 주변에 많은 사람들이 몰려왔지만, 대부분 자기 이익을 구하는 사람들인 것을 아는 듯합니다. 하나님 일을 한다고 하면서도 자기 이익이 동기가 되어 일하는 사람이 대부분이었기에 디모데의 순수한 헌신은 더욱 돋보였을 것입니다.

이에 제자들에게 이르시되 추수할 것은 많되 일꾼이 적으니 그러므로 추수하는 주인에게 청하여 추수할 일꾼들을 보내 주소서 하라 하시니라 마 9:37–38

예수님도 추수할 것은 많으나 일꾼이 적은 것을 한탄하셨습니다. 기도를 하거나 금식을 하여도, 설사 설교를 할지라도 하나님의 일이 아니라 자기 일이 될 수 있습니다. 자기 이익이 동기가 된다면 말입니다. 종은 주인의 일을 하는 자입니다. 바울은 디모데에게서 참된 종의 모습을 발견하였기에 디모데가 자신의 자식과 같다고 합니다.

> 디모데의 연단을 너희가 아나니 자식이 아버지에게 함같이 나와 함께 복음을
> 위하여 수고하였느니라 빌 2:22

셋째, 디모데는 자식이 아버지에게 함같이 순종하였습니다. 디모데는 자진하여 바울을 아버지처럼 섬기며 복음을 위하여 수고하였습니다. 이는 마치 성자 예수님이 성부 하나님께 보여주신 순종을 닮은 모습입니다. 디모데는 일인자가 되기 위하여 수고하지 않았습니다. 그는 종의 형체를 가지신 분을 따라 낮은 자세로 복음에 자기 삶을 바친 사람이었습니다. 22절에서 '연단'으로 번역된 원어 '도키메'는 '시련, 시험, 증거'라는 뜻으로서 분별한다는 의미의 동사 '도키마조'와도 연관이 됩니다. 즉 디모데의 연단을 통해 그가 얼마나 신실한 하나님의 사람인지 분별할 수 있다는 것입니다.

성도로서 하나님의 일을 한다고 하지만 자기의 일을 하는 경우도 있습니다. 믿음이 뜨거울 때 일시적으로 열정적인 헌신을 할 수도 있지만 모두가 그리스도의 일을 하는 것이 아닐 수 있습니다. 자기 일인지 그리스도의 일인지 겉으로는 구별하기 쉽지 않은데, 그것을 분별할 수 있는 것이 '연단'입니다. 시련이 있을 때 이를 견디는 인내가 있는지 보는 것입니다. 이 세상에 많은 그리스도인들이 있는데, 하나님께서 저와 여러분에게 '이밖에 내게 없음이라' 이렇게 말씀해 주신다면 이보다 더 큰 기쁨이 어디 있겠습니까?

부디 저와 여러분 모두 다른 그리스도인을 진실히 섬기며, 하나님의 자녀

로서 복음을 위하여 수고함으로 연단 되어 '이밖에 내게 없음이라' 는 하나님의 칭찬을 듣는 참된 그리스도인이 되기를 주님의 이름으로 축원합니다. 다시 성경 본문을 보겠습니다. 그런데 디모데가 곧바로 빌립보로 떠나는 것은 아닙니다.

> 그러므로 내가 내 일이 어떻게 될지를 보아서 곧 이 사람을 보내기를 바라고
> 나도 속히 가게 될 것을 주 안에서 확신하노라 빌 2:23,4

바울이 디모데를 보내는 일을 미루는 것이 아니라 바울 자신에 관한 일이 정리되는 대로 즉시 보내겠다고 합니다. 이는 재판의 결과가 나오는 대로 디모데를 통해 이 일을 빌립보 교회에게 알리겠다고 말하는 것입니다. 그리고 지금은 미결수의 신분이지만 곧 재판을 받아 석방되어 빌립보 교인들을 직접 만날 수 있을 것을 기대하고 있습니다.   그리고 바울이 지금 쓰는 서신을 빌립보로 전하는 사람은 디모데가 아닌, 이제부터 소개되는 에바브로디도입니다.

> 그러나 에바브로디도를 너희에게 보내는 것이 필요한 줄로 생각하노니 그는
> 나의 형제요 함께 수고하고 함께 군사 된 자요 너희 사자로 내가 쓸 것을 돕는
> 자라 빌 2:25

바울은 에바브로디도를 '형제', '함께 수고하는 자', '함께 군사된 자', '사자', '돕는 자' 라고 평가합니다. 이렇듯 우리는 하나님의 자녀 된 형제,

자매입니다. 우리는 교회를 세우고 그리스도를 전파하는 동역자로서 함께 수고하는 자입니다. 우리는 사탄의 공격에 맞서 싸우는 하나님 나라의 군사입니다. 에바브로디도는 빌립보 교회가 보낸 사자인 것처럼 우리 각자는 섬기고 있는 교회가 세상으로 파송한 사자들입니다.

빌립보 교회는 에바브로디도의 편에 바울의 후원금을 전달하였습니다. 그런데 후원금 전달만이 목적이 아니라 에바브로디도로 하여금 바울의 수감생활을 돕도록 하였습니다. 돕는다는 것은 바울과 함께 기거하면서 돌보는 것으로, 에바브로디도가 함께 수감생활을 하는 것과 같습니다. 더욱이 사형선고를 받을 가능성이 있는 재판을 기다리고 있는 사람의 개인적인 시종이 되겠다고 나서는 것은 선고를 받는 사람과 같은 죄상에 말려들어 위험한 입장에 처하게 될 수도 있는 일입니다. 그러나 돕는 자인 에바브로디도는 생명을 무릅쓰고 바울과 함께 하였습니다.

> 그가 너희 무리를 간절히 사모하고 자기가 병든 것을 너희가 들은 줄을 알고
> 심히 근심한지라 그가 병들어 죽게 되었으나 하나님이 그를 긍휼히 여기셨고
> 그뿐 아니라 또 나를 긍휼히 여기사 내 근심 위에 근심을 면하게 하셨느니라
> 빌 2:26-27

바울을 돕던 에바브로디도가 매우 심각한 병이 들어서 거의 죽게 되었는데, 하나님은 에바브로디도를 긍휼히 여겨 그 생명을 구원하여 주셨습니다. 이는 하나님이 바울도 긍휼히 여기셨기에 바울의 근심을 덜어준 것입니다.

그런데 에바브로디도가 병에 걸렸다는 소식이 파송 교회인 빌립보 교회에 전해졌을 때, 빌립보 교인들은 그로 인해 걱정하였습니다. 그러나 에바브로디도는 자신의 병 때문이 아니라 오히려 자기를 파송한 교회가 자신의 병에 대해 걱정하고 있는 사실을 심히 근심하는 것입니다. 여기서 '심히 근심하다' 라고 번역된 단어 '아데모누오' 는 주님이 겟세마네 동산에서 심히 근심하신 때를 말할 때도 사용된 단어입니다. 이렇게 보면 에바브로디도의 근심이 얼마나 컸는지를 알 수 있습니다.

에바브로디도는 목숨을 무릅쓰고 바울을 도왔고 병이 든 에바브로디도를 빌립보 교인들이 염려하자, 그 교인들을 위해 에바브로디도가 다시 근심하는 이 모습은 서로를 걱정해주고 긍휼히 여기는 마음으로 묶인 사랑의 관계를, 그리고 예수의 몸 된 사랑의 공동체가 무엇인지를 완벽하게 보여주고 있습니다. 이런 온전한 사랑은 온전한 기쁨으로 이어집니다.

> 그가 그리스도의 일을 위하여 죽기에 이르러도 자기 목숨을 돌보지 아니한 것은 나를 섬기는 너희의 일에 부족함을 채우려 함이니라 빌 2:30

에바브로디도는 자신의 목숨을 돌보기를 마다하며 바울을 섬기고 빌립보 교회의 일을 완성하려고 하였습니다. 이는 궁극적으로 그리스도의 일을 위하는 것이었습니다. 디모데가 자기의 일을 구하지 아니하고 그리스도 예수의 일을 구하는 하나님의 일꾼인 것처럼 에바브로디도 역시 그리스도의 일을 위한 하나님의 일꾼입니다.

> 그러므로 내가 더욱 급히 그를 보낸 것은 너희로 그를 다시 보고 기뻐하게 하
> 며 내 근심도 덜려 함이니라 빌 2:28

바울로서는 자신에게 도움을 주는 에바브로디도를 계속 자기 곁에 두는 것이 유익하였겠지만 그에게는 에바브로디도와 빌립보 교인들을 생각하고 위하는 마음이 가득하였기에 급히 에바브로디도를 빌립보로 돌려보냅니다. 그의 무사한 모습을 본 빌립보 교인들의 기쁨이, 곧 바울 자신의 기쁨이 되는 것입니다.

> 이러므로 너희가 주 안에서 모든 기쁨으로 그를 영접하고 또 이와 같은 자들
> 을 존귀히 여기라 빌 2:29

바울은 빌립보 교인들이 에바브로디도를 기쁨으로 영접하고 존귀하게 여길 것을 당부합니다. 혹여라도 교인 중에서 그가 병이 들어 바울을 제대로 돕지 못하고 돌아왔다고 오해를 가지는 자들이 있지 않을까 염려했기 때문입니다. 바울의 배려는 끝이 없는 것 같습니다. 그리고 그러한 배려는 성도들 모두의 기쁨을 위해서입니다.

그리스도 예수의 일을 하는 사람은 서로를 향한 염려와 관심으로 온전한 사랑의 공동체를 이루어 갑니다. 또한 서로를 향한 지속적인 배려로 온전한 기쁨의 공동체를 이룹니다. 자기 일을 구하는 자는 자기가 기뻐하는 것으로 기쁨이 멈추지만, 그리스도 예수의 일을 구하는 자는 다른 성도가 기뻐하는

것이 기쁨이 되므로 기쁨이 멈추지 않고 점점 더 커지는 것입니다. 누구의 일로 기뻐하시나요? 항상 기뻐하고, 기쁨이 충만하길 원하시나요? 형제를 섬기며 서로 염려하고 배려하는 것, 그것이 교회의 머리 되신 그리스도 예수의 일이며 그 일로 기뻐하는 것이 성도의 참된 기쁨입니다.

부디 저와 여러분 모두 그리스도의 몸 된 교회로서 오늘날의 디모데와 에바브로디도가 되어 서로에 대한 진실한 사랑가운데 그리스도의 일을 행함으로 기쁨이 넘치기를 주님의 이름으로 축원합니다.

말씀으로 기도

1. 과연 자기의 일을 하는지, 아니면 그리스도의 일을 하는지 스스로 돌아보길 원합니다. 성도의 사정을 진실히 생각하며, 자기 일을 구하는 것이 아닌 그리스도 예수의 일을 구하고 연단을 통해 구별된 그리스도인이 되도록 기도합시다.
2. 형제를 섬기며, 서로를 염려, 배려함으로 서로에게 기쁨을 주며, 그 기쁨이 더욱 커지는 사랑의 공동체를 이루도록 기도합시다.
3. '이밖에 내게 없음이라'는 하나님의 칭찬이 세상의 어떤 유익보다 큰 기쁨이 되게 하여 달라고 기도합시다.

푯대를 향하여 그리스도 예수 안에서 하나님이
위에서 부르신 부름의 상을 위하여 달려가노라
빌 3:14

6 _ 주 안에서의 기쁨

빌립보서 빌립보서 3:1-16

1 끝으로 나의 형제들아 주 안에서 기뻐하라 너희에게 같은 말을 쓰는 것이 내게는 수고로움이 없고 너희에게는 안전하니라 2 개들을 삼가고 행악하는 자들을 삼가고 몸을 상해하는 일을 삼가라 3 하나님의 성령으로 봉사하며 그리스도 예수로 자랑하고 육체를 신뢰하지 아니하는 우리가 곧 할례파라 4 그러나 나도 육체를 신뢰할 만하며 만일 누구든지 다른 이가 육체를 신뢰할 것이 있는 줄로 생각하면 나는 더욱 그러하리니 5 나는 팔일 만에 할례를 받고 이스라엘 족속이요 베냐민 지파요 히브리인 중의 히브리인이요 율법으로는 바리새인이요 6 열심으로는 교회를 박해하고 율법의 의로는 흠이 없는 자라 7 그러나 무엇이든지 내게 유익하던 것을 내가 그리스도를 위하여 다 해로 여길뿐더러 8 또한 모든 것을 해로 여김은 내 주 그리스도 예수를 아는 지식이 가장 고상하기 때문이라 내가 그를 위하여 모든 것을 잃어버리고 배설물로 여김은 그리스도를 얻고

눈으로보는동영상

9 그 안에서 발견되려 함이니 내가 가진 의는 율법에서 난 것이 아니요 오직 그리스도를 믿음으로 말미암은 것이니 곧 믿음으로 하나님께로부터 난 의라 10 내가 그리스도와 그 부활의 권능과 그 고난에 참여함을 알고자 하여 그의 죽으심을 본받아 11 어떻게 해서든지 죽은 자 가운데서 부활에 이르려 하노니 12 내가 이미 얻었다 함도 아니요 온전히 이루었다 함도 아니라 오직 내가 그리스도 예수께 잡힌 바 된 그것을 잡으려고 달려가노라 13 형제들아 나는 아직 내가 잡은 줄로 여기지 아니하고 오직 한 일 즉 뒤에 있는 것은 잊어버리고 앞에 있는 것을 잡으려고 14 푯대를 향하여 그리스도 예수 안에서 하나님이 위에서 부르신 부름의 상을 위하여 달려가노라 15 그러므로 누구든지 우리 온전히 이룬 자들은 이렇게 생각할지니 만일 어떤 일에 너희가 달리 생각하면 하나님이 이것도 너희에게 나타내시리라 16 오직 우리가 어디까지 이르렀든지 그대로 행할 것이라

샬롬! 사랑하는 성도 여러분, 하나님의 말씀을 붙잡고 주 안에서 기쁨으로 부름 받은 인생길을 달려가는 저와 여러분이 되시기를 주님의 이름으로 축원합니다.

우린 지금까지 바울의 인사와 기도를 통해 하나님의 은혜와 평강으로 누리는 기쁨과 고난 가운데서도 누리는 기쁨, 하나님 나라의 시민으로서 나보다 남을 낮게 여김으로 누리는 기쁨, 하나님의 자녀로서 성장하며 누리는 기쁨, 그리고 그 기쁨을 실제로 누리는 예로서 바울, 디모데, 에바브로디도와 빌립보 교인들에 관해서 살펴보았습니다.

> 끝으로 나의 형제들아 주 안에서 기뻐하라 너희에게 같은 말을 쓰는 것이 내게는 수고로움이 없고 너희에게는 안전하니라 빌 3:1

3장 1절은 '끝으로' 라고 시작하는데, 이는 이제 편지를 마치겠다는 의미가 아니라 지금까지 바울이 말하였던 것을 '종합하면', '결론적으로', '궁극적으로', '그래서' 라는 의미입니다. 지금까지의 모든 기쁨을 종합하면, '주 안에서 기뻐하라' 가 결론인 것이지요.

'너희에게 같은 말을 쓰는 것이 내게는 수고로움이 없고 너희에게는 안전하니라' 는 주 안에서 기뻐하는 것이 너무도 중요해서 반복해서 말하는 것이니 바울 자신에겐 귀찮은 일이 아니고, 오히려 이것이 성도들에게 영적 안전을 위한 방책이 된다는 의미입니다. 그리고 왜 성도들의 영적 안전을 염려하는지에 관하여 2절에서 언급합니다.

개들을 삼가고 행악하는 자들을 삼가고 몸을 상해하는 일을 삼가라 빌 3:2

개들, 행악하는 자들, 몸을 상해하는 자들은 각기 표현이 다르지만 같은 종류의 사람들을 지칭합니다. 그건 예수님께서 '화 있을진저'라고 반복하여 책망하신 바리새인처럼 외식하는 자, 즉 다른 이들에게 율법의 무거운 짐을 지게 하면서 몸에 할례를 받아야 구원에 이른다는 사람들입니다. 이는 복음의 본질과 떨어져 종교 열광주의에 빠진 율법주의자들을 말하는 것이며, 교회 내에서도 이와 같은 사람들이 있으니 주의하라고 경고하는 것입니다.

예수 그리스도 이외에 무언가를 더하려는 시도는 기독교 역사 속에서, 그리고 지금도 끊임없이 이루어지고 있습니다. 그들은 주 안에서 기뻐하는 자들이 아니라 결국은 다른 것으로 기뻐하는 것이며, 3절에서는 그것이 육체를 신뢰하는 것이라고 표현합니다. 바울은 성도들에게 기쁨의 최종 결론으로서 주 안에서 기뻐하라고 명령하면서 그 의미를 보다 명확하게 깨닫도록 육체를 신뢰하는 자들을 삼가고 피할 것을 강조합니다. 그리고 그와 대비되는 주 안에서 기뻐하는 성도들의 모습을 알려줍니다.

하나님의 성령으로 봉사하며 그리스도 예수로 자랑하고 육체를 신뢰하지 아니하는 우리가 곧 할례파라 빌 3:3

'하나님의 성령으로 봉사하며'에서 '봉사'라는 말은 구약으로 치면 제사이고 지금 우리들에게는 '예배'라는 뜻입니다. 성도 여러분, 교회의 첫 번째 기능은 예배입니다. 그런데 본문을 보면 '성령으로 봉사'라는 표현이 있는데, 이는 예배가 하고 싶으면 하고 하기 싫으면 하지 않는 것이 아님을 뜻합니다. 성령님의 인도하심이 없으면 절대로 예배자로 설 수 없습니다. 예수님께서 우물가 사마리아 여인에게 예배에 대하여 가르쳐 주시면서 하나님 아버지께서 예배하는 자들을 찾으신다고 하셨는데, 이건 하나님께서 예배자들을 부르시고 초대하신다는 뜻입니다. 어린아이가 과자 준다니까 교회에서 예배를 드리든, 친구를 사귀고 싶어 교회에 가든, 어떠한 동기에서도 예배는 하나님의 부르심이 없고는 불가능합니다. 예배는 천국 잔치를 이 땅에서 여시는 왕의 축제입니다. 그래서 주 안에 있는 자들은 늘 예배가 기쁜 것이고 예배가 삶의 최우선이자 기준이 됩니다.

'그리스도 예수로 자랑하고'는 그리스도 예수 안에서 자랑한다는 의미입니다. 그리스도 예수 안에 있기에 나를 드러낼 것이 없습니다. 오직 주님을 자랑하고 칭송합니다. 주님을 찬송하며 높여드립니다. 이것이 주 안에서 기뻐하는 자의 모습입니다.

'육체를 신뢰하지 아니하는 우리가 곧 할례파라'. 육체적으로 무언가 종교적인 열심을 쌓아야 구원을 얻는 것이고 하나님을 사랑하는 것이라고 주장하는 모든 가르침을 부인하는 우리가 참된 할례파라고 말합니다. 오직 예수 그리스도 안에서 기뻐하는 자만이 참된 언약의 백성이라고 합니다. 그런데 지금 바울이 편지를 쓰는 상대는 교회 밖의 사람들이 아님을 명심하여야 합니다. 당시 빌립보 교회 안에서 성도들이 어느덧 육체를 자랑하기 시작하였던 겁니다. 그건 지금 우리도 마찬가지 입니다. 교회 안에서 '나'를 자랑하고 드러냅니다. 세상의 권력과 부가 교회에서 자랑이 됩니다. 진정 우리가 주 안에서 기쁘고 주님을 자랑하는지, 아니면 육체로 인하여 기쁘고 육체를 자랑하는지 날마다 돌아보아야 합니다. 어느 상황에서도 예배를 드리고 늘 기쁨으로 하나님을 찬양하는지 돌아보아야 합니다. 부디 언제나 주 안에서 기뻐하는 저와 여러분이길 주님의 이름으로 축원합니다.

> 그러나 나도 육체를 신뢰할 만하며 만일 누구든지 다른 이가 육체를 신뢰할 것이 있는 줄로 생각하면 나는 더욱 그러하리니 나는 팔일 만에 할례를 받고 이스라엘 족속이요 베냐민 지파요 히브리인 중의 히브리인이요 율법으로는 바리새인이요 열심으로는 교회를 박해하고 율법의 의로는 흠이 없는 자라 빌 3:4-6

4절부터 6절까지에서 바울 자신의 육체가 기쁨이자 자랑이었던 시절을 언급합니다. 지금 빌립보 성도 가운데 육체를 자랑하는 사람들에게 말합니다. '나도 다 해 봤다. 아니 오히려 자랑할 것이 더 많았다.' 라고 말입니다.

> 그러나 무엇이든지 내게 유익하던 것을 내가 그리스도를 위하여 다 해로 여길 뿐더러 또한 모든 것을 해로 여김은 내 주 그리스도 예수를 아는 지식이 가장 고상하기 때문이라 내가 그를 위하여 모든 것을 잃어버리고 배설물로 여김은 그리스도를 얻고 그 안에서 발견되려 함이니 내가 가진 의는 율법에서 난 것이 아니요 오직 그리스도를 믿음으로 말미암은 것이니 곧 믿음으로 하나님께 로부터 난 의라 빌 3:7-9

유명한 바울의 고백입니다. 지금까지 자신에게 유익하던 모든 육체적 자랑이 배설물과 같다는 고백입니다. 그런데 그 전제가 있습니다. 그건 8절, 그리스도 예수를 아는 지식을 전제로 합니다. 여기서 아는 지식으로 번역된 헬라어는 '그노시스'로서 히브리어로는 '야다'란 단어입니다. 그 의미는 깊은 사귐으로 아는 것, 즉 본질적인 깨달음입니다.

성도 여러분, 하나님에 관해서 아는 지식과 하나님을 아는 것은 차원이 다릅니다. 삶으로 아는 것이 하나님을 아는 것입니다. 예수님이 왜 하늘 보좌를 버리고 이 땅에 내려 오셨을까요? 우리와 어울리기 위해서입니다. 함께 울고 웃으며 깊은 사귐을 하기 위해서입니다. 예수님을 알면 하나님을 아는 것입니다. 이건 머리로 아는 것이 아니라 함께 살면서 깊이 아는 것입니다. 요한계시록 3장 20절을 보면 예수님이 문 밖에 서 계십니다.

볼지어다 내가 문 밖에 서서 두드리노니 누구든지 내 음성을 듣고 문을 열면 내가 그에게로 들어가 그와 더불어 먹고 그는 나와 더불어 먹으리라 계 3:20

예수님은 우리와 더불어 먹기를 원하십니다. 우리 집안에 들어오셔서 동고동락하시기를 원하십니다. 이것이 주안에서 기뻐하는 것입니다. 그리스도 예수를 아는 것이 가장 고상합니다. 고상하다는 뜻은 '가장 최상의 가치를 지닌다'는 의미입니다. 예수님의 천국 비유 중에서 밭 속에 감춰진 보화를 발견한 사람이 모든 재산을 팔아 그 밭을 산다는 내용이 있습니다. 그와 같이 바울은 천국의 보화를 발견하였기에 나머지 모두를 배설물처럼 던져버립니다.

예수님과 같이 살면 그 거주지는 너무나 매력적이어서 그곳을 떠날 수 없습니다. 그냥 그곳에 계속 살며 그 안에서 찾을 수 있는 것 외에는 아무것도 원치 않습니다. 그럼 이 땅에서 예수님과 함께 산다는 것, 예수님을 깊이 아는 것이 무슨 의미일까요?

10절에서도 '알다' 라는 단어가 나옵니다. 여기서의 '알다' 역시 지식적 앎이 아니라 체험적 앎입니다. 무엇을 알고자 하나요? 바로 부활의 권능과 고난입니다. 바울은 나중에 예수님 재림하실 때에 가서 부활을 알고 싶다고 하지 않습니다. 부활의 권능을 지금 알고자 합니다. 성도 여러분, 이건 매우 중요한 말씀입니다. 전에 말씀드린 구원의 현재와 미래인 성화, 영화와 비교해서 이해하면 됩니다. 예수님 재림 때의 부활의 권능이 있습니다. 그것은 하늘로부터 주어지는 전적인 은혜입니다. 그런데 우린 부활의 권능을 지금 이 땅에서도 누려야 합니다. 그리고 누릴 수 있습니다. 바로 그리스도의 고난에 참여함으로 가능합니다.

예수님을 주님으로 모시는 그리스도인들에게 가장 기쁜 소식이 무엇인가요? 주님의 부활 소식입니다. 예수님을 아는 것, 즉 예수님과 함께 살고 있다면 부활하신 주님으로 인하여 지금 우린 기쁨을 누리는 것이 당연합니다. 그런데 주님의 부활은 그 전제가 있습니다. 바로 십자가 고난입니다. 우리가 부활의 기쁨과 이 땅에서 누리는 부활의 권능을 제대로 맛보려면 그 전제인 그리스도의 고난에도 함께 하여야 하는 것입니다.

주 안에서 기뻐하는 것은 우리가 육신의 몸을 벗고 죽은 뒤 부활하여 천국에서만 누리는 것이 아닙니다. 본문은 그런 기쁨을 말하는 것이 아닙니다. 주 안에서 기뻐하는 것은 이 땅에서 육체의 자랑을 배설물로 여기고 주님의 고난도 함께, 주님의 부활도 함께 누리는 것입니다. 이 땅에서의 일이기에 성화와 같이 현재 진행형입니다. 바울은 현재 진행형을 운동경기에서 달려가는 것으로 표현합니다.

> 내가 이미 얻었다 함도 아니요 온전히 이루었다 함도 아니라 오직 내가 그리스도 예수께 잡힌 바 된 그것을 잡으려고 달려가노라 형제들아 나는 아직 내가 잡은 줄로 여기지 아니하고 오직 한 일 즉 뒤에 있는 것은 잊어버리고 앞에 있는 것을 잡으려고 푯대를 향하여 그리스도 예수 안에서 하나님이 위에서 부르신 부름의 상을 위하여 달려가노라 빌 3:12-14

바울이 말하는 달리기는 100미터 단거리 경주입니다. 전력질주를 합니다. '뒤에 있는 것은 잊어버리고'. 경주자는 절대 뒤를 돌아보지 않습니다. 달리기에 방해되는 것은 던져버리고 최대한 몸을 가볍게 해야 합니다. 지금까지 인생길을 달려가면서 쫓았던 것들 즉 육신의 정욕과 안목의 정욕, 이생의 자랑을 버리고 달려갑니다. 달리기 끝에는 하나님의 상이 기다리고 있습니다. 달려가는 바울의 얼굴에는 기쁨이 가득합니다. 그것이 주 안에서 기뻐하는 모습입니다.

> 그러므로 누구든지 우리 온전히 이룬 자들은 이렇게 생각할지니 만일 어떤 일에 너희가 달리 생각하면 하나님이 이것도 너희에게 나타내시리라 오직 우리

가 어디까지 이르렀든지 그대로 행할 것이라 빌 3:15,16

그런데 달리다 보면 문득 지금 제대로 방향을 잡고 가는지 걱정이 될 때가 있습니다. 바울은 믿음의 경주자들을 안심시킵니다. 믿음이 성숙한 사람들은 모두가 바울과 같은 마음가짐으로 살아갈 것이지만, 만일 어떤 문제에 대해서 다른 생각을 품었다고 하여도 결국에는 하나님께서 길을 분명히 가르쳐 주실 것이라고 합니다. 또한 달리기를 하다 보면 멈추고 싶을 때도 있습니다. 이 정도 성장했으면 되었다고 멈추고 싶을 수 있습니다. 그러나 어디까지 이르렀든지 지금까지 해 온 것처럼 흐트러짐 없이 계속해서 나아가라고 합니다.

주안에서 기뻐하라는 하나님 말씀은 저와 여러분 일상에서 매일 주어지는 명령입니다. 예배에서 시작됩니다. 내 안에서 기쁨이 솟는 것이 아니라, 하나님께로부터 난 의이신 그리스도로 인한 기쁨입니다. 그렇기에 순서가 중요합니다. 예배에서 시작되는 기쁨이 우리의 일상에서의 기쁨으로 이어지는 것입니다. 그 반대가 아닙니다. 반대는 오히려 육체를 신뢰하는 것일 수 있습니다.

부디 모두 예배에서 시작하여 일상의 모든 삶의 영역까지 주 안에서 기쁨, 부활의 기쁨을 누리길 주님의 이름으로 축원합니다.

말씀으로 기도

1. 스스로를 돌아보길 원합니다. 먼저 진정 우리가 주님을 알기를 원하는지 돌아보길 원합니다. 주님을 머리로만 알고 실제로는 문 밖에 서 계시게 하는 것이 아닌지, 우리 삶 안에 진짜로 주님으로 모셔서 함께 동고 동락 하는지 돌아봅시다. 우리가 진정 예배의 부르심에 기쁨으로 참여하였는 지, 진정 예수님의 부활이 우리의 기쁨인지 돌아보며 주 안에서 기쁨을 회복시켜 주시기를 기도합시다.

2. 성도들을 위해 중보합시다. 어떤 삶의 처지에 놓여있든지, 경제적인 어 려움, 건강의 어려움, 관계의 어려움, 하나님 앞에 드러내기조차 힘든 죄 로 인한 어려움, 모든 고난의 상황에서도 주 안에서 기뻐하는 성도들로 세워주시기를 기도합시다. 주님이 주인이시니 그 모든 문제를 가장 좋은 길로 해결하여 주시길 기도합니다.

3. 교회를 위하여 기도합시다. 주 안에서 기뻐하는 영과 진리로 드리는 예 배로 교회를 채워 주시고 각 교회의 주일예배, 수요예배, 목요기도회, 금 요기도회, 새벽예배에 기름 부어 주셔서 기쁨 가득한 예배가 될 수 있도 록 기도합시다.

너희는 내게 배우고 받고 듣고 본 바를 행하라 그리하면
평강의 하나님이 너희와 함께 계시리라
빌 4:9

7 _ 기쁨은 보고 배우는 것

빌립보서 3:17-4:9

3:17 형제들아 너희는 함께 나를 본받으라 그리고 너희가 우리를 본받은 것처럼 그와 같이 행하는 자들을 눈여겨 보라 18 내가 여러 번 너희에게 말하였거니와 이제도 눈물을 흘리며 말하노니 여러 사람들이 그리스도의 십자가의 원수로 행하느니라 19 그들의 마침은 멸망이요 그들의 신은 배요 그 영광은 그들의 부끄러움에 있고 땅의 일을 생각하는 자라 20 그러나 우리의 시민권은 하늘에 있는지라 거기로부터 구원하는 자 곧 주 예수 그리스도를 기다리노니 21 그는 만물을 자기에게 복종하게 하실 수 있는 자의 역사로 우리의 낮은 몸을 자기 영광의 몸의 형체와 같이 변하게 하시리라

4:1 그러므로 나의 사랑하고 사모하는 형제들, 나의 기쁨이요 면류관인 사랑하는 자들아 이와 같이 주 안에 서라 2 내가 유오디아를 권하고 순두게를 권하노

눈으로보는동영상

니 주 안에서 같은 마음을 품으라 3 또 참으로 나와 멍에를 같이한 네게 구하노니 복음에 나와 함께 힘쓰던 저 여인들을 돕고 또한 글레멘드와 그 외에 나의 동역자들을 도우라 그 이름들이 생명책에 있느니라 4 주 안에서 항상 기뻐하라 내가 다시 말하노니 기뻐하라 5 너희 관용을 모든 사람에게 알게 하라 주께서 가까우시니라 6 아무 것도 염려하지 말고 다만 모든 일에 기도와 간구로, 너희 구할 것을 감사함으로 하나님께 아뢰라 7 그리하면 모든 지각에 뛰어난 하나님의 평강이 그리스도 예수 안에서 너희 마음과 생각을 지키시리라 8 끝으로 형제들아 무엇에든지 참되며 무엇에든지 경건하며 무엇에든지 옳으며 무엇에든지 정결하며 무엇에든지 사랑 받을 만하며 무엇에든지 칭찬 받을 만하며 무슨 덕이 있든지 무슨 기림이 있든지 이것들을 생각하라 9 너희는 내게 배우고 받고 듣고 본 바를 행하라 그리하면 평강의 하나님이 너희와 함께 계시리라

샬롬! 사랑하는 성도님들 모두, 예수 그리스도를 따르는 하나님 나라 시민
으로서 하나님이 주시는 평강을 누리시기를 주님의 이름으로 축원합니다.

오늘 본문 말씀의 시작인 3장 17절은 '나를 본받으라' 는 말로 시작하여,
마지막인 4장 9절은 '배우고 받고 듣고 본 바를 행하라' 로 마칩니다. 배우
고 본받음으로 기쁨을 누릴 수 있습니다. 바울 안에 내주하신 성령님과 우리
에게 임하시는 성령님은 같은 성령 하나님입니다. 부디 말씀 가운데 성령님
께서 바울에게 주신 기쁨을 우리도 배울 수 있기를 주님의 이름으로 축원합
니다.

> 형제들아 너희는 함께 나를 본받으라 그리고 너희가 우리를 본받은 것처럼 그
> 와 같이 행하는 자들을 눈여겨 보라 빌 3:17

17절은 이런 의미입니다. 바울이 '나를 본받으라' 고 하는 것은 자신을 자
랑하려고 하는 것이 아닙니다. '그리고 너희가 우리를 본받은 것처럼 그와
같이 행하는 자들을 눈여겨 보라' 는 말씀은 '너희가 우리를 본받는 것처럼
너희를 본받아 행하는 자들이 있으니 너희는 그들을 자세히 살펴보라' 는 말
씀입니다. 지금 바울이 말하고자 하는 것은 교회 공동체에서 서로가 서로
의 본이 되고 있다는 것을 의미합니다. 그런데 그 점에서 우리는 늘 위축됩
니다. 누군가가 나를 본받아 신앙생활을 한다고 생각하면 나의 부족함이 늘
부담스럽습니다. 그래서 바울은 성도와 성도 사이에 무엇을 본받아야 할 것
인지 알려주고자 합니다. 그런데 그 이전에 본받지 말아야 할 것을 알려줍니
다.

내가 여러 번 너희에게 말하였거니와 이제도 눈물을 흘리며 말하노니 여러 사람들이 그리스도의 십자가의 원수로 행하느니라 그들의 마침은 멸망이요 그들의 신은 배요 그 영광은 그들의 부끄러움에 있고 땅의 일을 생각하는 자라

빌 3:18-19

18절에서 언급된 바 우리가 본받지 말아야 할 것, 즉 우리에게서 제거되어야 할 모습에 대하여 바울이 눈물로 말합니다. 바울은 다메섹 도상에서 예수님을 만나기 전까지 매우 칼 같은 사람이었습니다. 원수라 여기는 기독교인들을 인정사정 봐주지 않았지요. 예수님을 만난 후에도 초반기 사역할 때는 그 칼 같은 성정을 완전히 버리지 못했기에 은인과 같은 바나바와 심하게 다투고 이별합니다. 하지만 지금은 로마의 감옥에 있는 사역 후반기입니다. 사도 바울도 성화가 많이 진행되어 있습니다. 눈물이 많아졌습니다. 교회 내에서 여러 사람이 그리스도의 십자가를 훼손하는 원수 같은 일을 행하는 것이 안타까워 눈물을 흘립니다. 아마도 예전 같으면 그런 일을 행하는 사람들에 대하여 인정 사정없이 비난하거나 다투었을 겁니다.

19절에서는 공동체 내에서 본받지 말아야 할 사람들을 보다 구체적으로 언급합니다. 그들은 이미 영혼이 구원받았다고 하면서 십자가 은혜를 육체의 방종의 기회로 삼는 자들입니다. 19절의 '배'는 말 그대로 '배부르다' 할 때의 그 배입니다. 그들의 신이 배라는 것은 그들은 무절제하고 브레이크 없이 욕구와 욕망을 추구하는 삶으로 기쁨을 삼는 자들이라는 뜻입니다. 소위 세상 성공이 그들의 영광이 되는 자들입니다. 하지만 이는 하나님 앞에서 부끄러운 일이며, 그들은 땅의 일 즉 악한 정욕과 탐심을 따라 살아가는 자

들입니다. 그러나 우리가 본받을 모습은 세상 성공과 육체를 자랑하는 것이 아닌 예수 그리스도를 기다리는 자들에게서 찾을 수 있습니다.

> 그러나 우리의 시민권은 하늘에 있는지라 거기로부터 구원하는 자 곧 주 예수
> 그리스도를 기다리노니 그는 만물을 자기에게 복종하게 하실 수 있는 자의 역
> 사로 우리의 낮은 몸을 자기 영광의 몸의 형체와 같이 변하게 하시리라
> 빌 3:20-21

20절의 '우리의 시민권은 하늘에 있는지라' 즉 우리는 하나님 나라의 시민입니다. 그런데 사는 곳은 현재 이 땅입니다. 이 땅에서 하나님 나라의 통로이자 하나님 나라의 모형이 교회입니다. 교회 공동체에 속한 모든 성도는 하나님 나라가 온전히 이루어지는 것을 소망합니다. 다시 말해 우리의 주님이신 예수님이 다시 오셔서 만물이 예수님께 복종하고 우리 모두 예수님의 부활의 형체와 같이 부활되기를 소원합니다. 그리고 미래에 언젠가 이뤄질 하나님의 이 약속을 현재 이 땅에서 붙잡고 거듭난 자로서 살아갑니다. 그것이 하나님 나라 시민권을 가진 성도의 모습입니다.
이에 대한 말씀이 앞서 살펴본 3장 10절 이하 말씀입니다.

> 내가 그리스도와 그 부활의 권능과 그 고난에 참여함을 알고자 하여 그의 죽
> 으심을 본받아 어떻게 해서든지 죽은 자 가운데서 부활에 이르려 하노니
> 내가 이미 얻었다 함도 아니요 온전히 이루었다 함도 아니라 오직 내가 그리
> 스도 예수께 잡힌 바 된 그것을 잡으려고 달려가노라 빌 3:10-12

바울이 '나를 본받으라'는 것은 바로 이 모습을 본받으라는 것이며 성도들 사이에 이 모습, 즉 하나님 나라 시민으로서 부활의 권능에 참여한 자의 모습을 본받으라는 겁니다.

우린 누구나 할 것 없이 연약한 부분이 있습니다. 남 앞에 드러내 놓기 부끄러운 면이 있습니다. 하지만 그렇다고 해서 사탄의 참소에 넘어지면 안됩니다. 각자의 연약함에도 불구하고 성도로서 서로에게서 본받을 것이 있습니다. 그건 유한한 땅의 것을 바라보는 것이 아니라 마라나타의 신앙, 즉 '주 예수여 어서 오시옵소서'라며 주님의 다시 오심을 바라보는 신앙의 모습입니다. 영원한 것을 좇아 육체의 연약함과 씨름하면서 하늘 소망을 견지하는 모습입니다. 그런 우리의 모습을 누군가 또 다른 성도가 본받는다면 그 성도가 우리의 면류관이 되는 것입니다. 서로가 서로에게 면류관이 되는 것입니다. 그것이 4장 1절 말씀입니다.

> 그러므로 나의 사랑하고 사모하는 형제들, 나의 기쁨이요 면류관인 사랑하는
> 자들아 이와 같이 주 안에 서라 빌 4:1

바울은 형제들에게 사랑을 전합니다. 그리고 그들이 바로 바울의 기쁨이고 면류관이라고 합니다. 그리고 '이와 같이' 서로 주 예수 그리스도를 기다리며 주 안에 '서라'고 합니다. 여기서 '서라'의 헬라어는 '스테코'라는 단어로서 군인들이 함께 진을 이루어 버티고 서 있는 모습을 말하며 경기에서 우승한 선수들이 끈기 있게 버티는 모습을 보여줍니다.

성도 여러분, 신앙생활, 즉 그리스도인의 영적 싸움은 사실 버티고 견디는

싸움입니다. 나가서 칼을 휘두르는 것이 아니라 함께 스크럼을 짜고 버티는 겁니다. 그리스도 안에서 새 피조물이 된 자들, 즉 십자가로 새로 태어난 형제들이 하나님 나라라는 같은 기업을 유업으로 받아 서로 사랑하고 사모하면서 세상 속에서 버텨내는 것이 우리의 싸움입니다. 서로를 바라볼 때 서로에게서 육체의 연약함을 보는 것이 아니라 예수 그리스도를 기다리는 모습을 보고 배움으로서 서로가 서로에게 면류관이 되고 그래서 서로가 서로의 기쁨이 되는 것, 이것이 보고 배우는 기쁨입니다. 그리고 그 예로서 바울은 빌립보 교회에서 현재 드러나고 있는 문제를 통해 공동체에서의 기쁨에 관한 교훈을 말합니다.

> 내가 유오디아를 권하고 순두게를 권하노니 주 안에서 같은 마음을 품으라
> 빌 4:2

빌립보 교회에 유오디아와 순두게 두 여성이 있는데, 이 두 여인은 재력이 상당하고 교회 내에서 상당한 역할을 감당하였습니다. 그런데 이 두 여인의 다툼으로 교회가 매우 힘들어졌다는 소식을 바울이 들었습니다. 그래서 바울은 그녀들에게 같은 마음을 품으라고 권면합니다. 여기서 '마음을 품다'라는 헬라어는 '고삐를 매다'라는 의미로서 주 안에서 하나의 고삐로 매여 있다는 사실을 명심할 것을 촉구하고 있습니다. 그런데 놀라운 것은 그 다음 구절입니다.

> 또 참으로 나와 멍에를 같이한 네게 구하노니 복음에 나와 함께 힘쓰던 저 여

인들을 돕고 또한 글레멘드와 그 외에 나의 동역자들을 도우라 그 이름들이
생명책에 있느니라 빌 4:3

바울은 분쟁의 주체가 된 유오디아와 순두게 두 여인을 책망하고 교회 일에서 손을 떼게 하는 것이 아닙니다. 그들에게 과거에 어떤 사역을 감당했는지 일깨워주고 오히려 그들을 도우라고 요청합니다. 과거 저들의 복음을 위한 수고와 헌신을 기억하며 공동체 내에서 서로 도우라고 합니다. 그 이름들이 생명책에 있다는 겁니다.

주 안에서 항상 기뻐하라 내가 다시 말하노니 기뻐하라 빌 4:4

바울은 다시 한번 주 안에서 기뻐하라고 강조합니다. 교회의 머리는 예수 그리스도이십니다. 그리고 교회는 예수님의 몸입니다. 그렇기에 우리 주 예수 그리스도 안에서 항상 기뻐하라는 바울의 이 명령은, 지금 빌립보 교회와 같은 분란을 겪고 있다 하여도 주님의 몸 된 교회 안에서 항상 기뻐하라는 것이며, 분란의 중심에 있는 사람들을 도우는 것이 기쁨과 연관된다는 것을 알려줍니다. 그래서 5절에서 관용을 언급합니다.

너희 관용을 모든 사람에게 알게 하라 주께서 가까우시니라 빌 4:5

성경은 기뻐하라고 명령합니다. 하지만 기쁨은 감정적인 요소가 많기에 명령한다고 억지로 기뻐할 수 없습니다. 그래서 기뻐하기 위해서 관용을 하라

는 것입니다. 성도에게 가장 필요한 것은 관용입니다. 오늘 말씀을 본받으라는 말로 시작하였는데, 성도가 서로를 본받으려면 관용이 전제되어야 합니다. 흠 없는 사람은 없기에 누구에게나 본받을 만한 면과 그렇지 않은 면이 모두 존재합니다. 그런데 두 가지 중에 본받지 못할 측면이 언제나 우리의 눈을 가리워 본받을 면을 보지 못하게 합니다. 관용은 그 가리워진 눈을 뜨게 합니다. 또한 항상 기뻐하라고 명령하는 것은 6절의 '아무것도 염려하지 말라' 라는 명령으로 이어집니다.

> 아무것도 염려하지 말고 다만 모든 일에 기도와 간구로, 너희 구할 것을 감사
> 함으로 하나님께 아뢰라 빌 4:6

염려는 기쁨을 앗아갑니다. 염려를 가져오는 모든 일의 주권이 나에게 있다고 여길 때 염려가 생깁니다. 그런데 염려를 하지 말라고 명령할 수 있는 것은 그리스도인에겐 모든 일의 주권이 하나님께 있으므로 염려조차도 하나님께 맡기라는 의미입니다. 그렇기에 6절에서 모든 일에 기도와 간구로 너희 구할 것을 감사함으로 하나님께 아뢰라고 하는 겁니다. 여기서 '감사함'으로 기도와 간구를 하라는 의미는 그 간구하는 사항들에 초점이 있는 것이 아닙니다. 기도와 간구를 받으시는 하나님께 초점이 있습니다. 주시는 자도 하나님이요, 취하시는 자도 하나님이시라는 생각으로 기도했던 욥과 같이, 어떤 응답을 받더라도 하나님의 뜻이 최선임을 믿고 감사함으로 받겠다는 태도로 기도하는 것입니다.

> 그리하면 모든 지각에 뛰어난 하나님의 평강이 그리스도 예수 안에서 너희 마
> 음과 생각을 지키시리라 빌 4:7

그러나 바울은 그렇게 간구하면 그 결과로 '하나님이 간구하는 것에 모두 응답해주신다' 고 하지 않습니다. 대신 '하나님의 평강이 그리스도 예수 안에서 너희 마음과 생각을 지키신다' 고 말합니다. 바울은 이를 통해 하나님의 그 어떤 응답보다 그리스도 안에서의 평강이 가장 귀한 응답이라는 것을 알려주고 있습니다. 그 평강이 곧 기쁨의 원천이기 때문입니다. 하나님께서는 늘 우리들에게 안식을 주고 싶어 하십니다. 안식, 평강, 기쁨은 하나님이 주시는 선물 세트입니다. 곧이어 바울은 하나님이 지키시는 마음과 생각이 어떤 것인지 구체적으로 열거합니다.

> 끝으로 형제들아 무엇에든지 참되며 무엇에든지 경건하며 무엇에든지 옳으
> 며 무엇에든지 정결하며 무엇에든지 사랑 받을 만하며 무엇에든지 칭찬 받을
> 만하며 무슨 덕이 있든지 무슨 기림이 있든지 이것들을 생각하라 빌 4:8

그리고 바울은 다시금 본받으라고 합니다.

> 너희는 내게 배우고 받고 듣고 본 바를 행하라 그리하면 평강의 하나님이 너
> 희와 함께 계시리라 빌 4:9

교회 전체 성도들이 지금까지 바울을 통해 배우고 받고 듣고 본 바를 행하

라고 합니다. 성도 여러분, 성화는 기쁨의 과정이라고 하였습니다. 오늘 바울은 공동체를 통한 기쁨을 말하고 있습니다. 성화는 혼자서 이뤄지는 것이 아닙니다. 늘 말씀드린 것처럼 기독교 신앙은 혼자 산에 들어가 수행을 하여서 득도하는 것이 아닙니다. 교회 공동체를 통해 서로 부딪히고 본받으며 성화되는 것이며 성화의 증거가 기쁨입니다. 기쁨은 하나님의 평강이 함께 하시는 것이 외부로 드러나는 모습입니다. 저와 여러분의 기쁨 가득한 모습만큼 본이 되는 것은 없습니다. 성도의 본이 되는 모습은 다름 아닌 기쁨 충만한 모습입니다.

부디 모든 성도들이 예수 그리스도의 몸 된 교회 안에서 항상 기뻐하시기를 주님의 이름으로 축원합니다.

말씀으로 기도

1. 스스로를 돌아보길 원합니다. 먼저 다른 성도가 본받으면 안 될 나의 모습을 솔직히 인정합시다. 성령님이 보여주시는 우리의 우상을 확인하고 나의 마음과 생각에서 이것들을 치워 달라고 기도합시다.

2. 성도들을 위해 중보 합시다. 성도들 각자의 모습에서 본받을 것을 본받게 해달라고 기도합시다. 그리고 설사 그렇지 않은 모습이 있어도 이것을 정죄하는 것이 아니라 돕고 관용함으로 함께 기뻐할 수 있도록 하나님께서 도와주시기를 기도합시다.

3. 교회를 위하여 기도합시다. 교회는 하나님 나라의 통로이면서 또한 모형입니다. 마라나타 신앙을 고백하는 성도들 서로가 본받는 교회되게

하시고, 하나님의 전적 주권 하에서 아무것도 염려치 않고 기도와 간구를 힘쓰고 감사함으로 하나님께 아뢰는 교회, 그런 예배 공동체로 세워 주시기를 간절히 기도합시다. 모든 교회의 주일예배, 수요예배, 금요기도회, 새벽예배에서 저희의 기도와 간구와 감사가 성도 모두의 기쁨으로 이어질 수 있도록 평강의 하나님이 우리와 함께 하시기를 기도합시다.

나의 하나님이 그리스도 예수 안에서 영광 가운데 그
풍성한 대로 너희 모든 쓸 것을 채우시리라
빌 4:19

8 _ 우리의 기쁨은 예수 그리스도

빌립보서 4:10-23

10 내가 주 안에서 크게 기뻐함은 너희가 나를 생각하던 것이 이제 다시 싹이 남이니 너희가 또한 이를 위하여 생각은 하였으나 기회가 없었느니라 11 내가 궁핍하므로 말하는 것이 아니니라 어떠한 형편에든지 나는 자족하기를 배웠노니 12 나는 비천에 처할 줄도 알고 풍부에 처할 줄도 알아 모든 일 곧 배부름과 배고픔과 풍부와 궁핍에도 처할 줄 아는 일체의 비결을 배웠노라 13 내게 능력 주시는 자 안에서 내가 모든 것을 할 수 있느니라 14 그러나 너희가 내 괴로움에 함께 참여하였으니 잘하였도다 15 빌립보 사람들아 너희도 알거니와 복음의 시초에 내가 마게도냐를 떠날 때에 주고 받는 내 일에 참여한 교회가 너희 외에 아무도 없었느니라 16 데살로니가에 있을 때에도 너희가 한 번뿐 아니라 두 번이

나 나의 쓸 것을 보내었도다 17 내가 선물을 구함이 아니요 오직 너희에게 유익하도록 풍성한 열매를 구함이라 18 내게는 모든 것이 있고 또 풍부한지라 에바브로디도 편에 너희가 준 것을 받으므로 내가 풍족하니 이는 받으실 만한 향기로운 제물이요 하나님을 기쁘시게 한 것이라 19 나의 하나님이 그리스도 예수 안에서 영광 가운데 그 풍성한 대로 너희 모든 쓸 것을 채우시리라 20 하나님 곧 우리 아버지께 세세 무궁하도록 영광을 돌릴지어다 아멘 21 그리스도 예수 안에 있는 성도에게 각각 문안하라 나와 함께 있는 형제들이 너희에게 문안하고 22 모든 성도들이 너희에게 문안하되 특히 가이사의 집 사람들 중 몇이니라 23 주 예수 그리스도의 은혜가 너희 심령에 있을지어다 샬롬! 오늘로서 눈으로 듣는 빌립보서가 마무리됩니다. '기쁨'에 관한 말씀을 우리에게 주신 하나님을 찬양하고 경배합니다.

기쁨은 만족으로부터 옵니다. 그래서 만족을 모르는 사람은 기쁨을 갖기 어렵습니다. 오늘 바울은 자신의 자족함을 언급함으로써 그리스도인의 만족함에 관하여 이야기하며 자족함의 세 가지 요소를 '넉넉한 나눔, 훈련, 하나님을 향한 그리스도인의 신뢰'라고 가르치고 있습니다.

자족함의 첫번째 요소는 그리스도인의 넉넉한 나눔입니다. 넉넉함은 그리스도인이라면 누구나 가져야 할 품성입니다.

> 내가 주 안에서 크게 기뻐함은 너희가 나를 생각하던 것이 이제 다시 싹이 남이니 너희가 또한 이를 위하여 생각은 하였으나 기회가 없었느니라 빌 4:10

10절을 보면, '너희가 이를 위하여 생각은 하였으나 기회가 없었느니라'라고 합니다. 빌립보 교인들은 바울에게 연락하거나 필요한 것을 전달하기가 항상 쉬웠던 것은 아니지만, 계속 관심을 가지고 있었고 기회가 오자 에바브로디도 편에 그들의 넉넉한 나눔을 실천하였습니다. 이를 두고 바울은 '나를 생각하던 것이 싹이 났다'고 말하며 크게 기뻐합니다. 바울이 기뻐하는 것은 그들로부터 도움을 받았기 때문이 아니라 그들에게서 그리스도인으로서의 넉넉함의 싹을 보았기 때문입니다.

> 그러나 너희가 내 괴로움에 함께 참여하였으니 잘하였도다 빌립보 사람들아 너희도 알거니와 복음의 시초에 내가 마게도냐를 떠날 때에 주고 받는 내 일

에 참여한 교회가 너희 외에 아무도 없었느니라 데살로니가에 있을 때에도 너희가 한 번 뿐 아니라 두 번이나 나의 쓸 것을 보내었도다 빌 4:14-16

또한 넉넉함은 그리스도인의 기본적 품성일 뿐만이 아니라 그리스도인들의 교제에 있어서 매우 중요한 요소입니다. 14절을 보면, '너희가 내 괴로움에 함께 참여하였으니 잘하였도다' 라고 합니다. 한 지체가 고통을 당하고 있으면 모두가 주목하여야 합니다. 그리고 서로의 필요를 공급하는 것이 교제입니다. 그렇다고 해서 교회가 필요를 채우기 위하여 존재하는 것은 아니며, 이것은 선후의 문제입니다. 교회가 존재하기에 그 안에서 서로의 필요를 채우는 교제를 한다는 것입니다.

내가 선물을 구함이 아니요 오직 너희에게 유익하도록 풍성한 열매를 구함이라 내게는 모든 것이 있고 또 풍부한지라 에바브로디도 편에 너희가 준 것을 받으므로 내가 풍족하니 이는 받으실 만한 향기로운 제물이요 하나님을 기쁘시게 한 것이라 빌 4:17-18

그리스도인의 넉넉한 나눔은 하늘에 보물을 쌓는 것과 같습니다. 17절에서 바울은 자신의 필요를 공급해 준 빌립보 교인들에게 감사를 표시하지만, 그것이 혹여 자신이 재정적 도움을 탐하는 것으로 비추어 질까 조심합니다. 도리어 바울이 탐하는 것은 자신을 향한 도움이 아니라 성도들의 유익입니다. 바울이 성도의 나눔을 18절에서 '받으실 만한 향기로운 제물이요 하나님을 기쁘시게 한 것' 이라 하는 것은 바로 이런 이유 때문입니다. 누가복음

12장 33절에서 주님이 말씀하십니다.

> 너희 소유를 팔아 구제하여 낡아지지 아니하는 배낭을 만들라 곧 하늘에 둔
> 바 다함이 없는 보물이니 거기는 도둑도 가까이하는 일이 없고 좀도 먹는 일
> 이 없느니라 눅 12:33

기쁨을 가져오는 만족은 나눔에서 비롯됩니다. 그 나눔은 그리스도인의 품성이며 그리스도인의 교제입니다. 그리고 그것은 하나님께서 기뻐 받으시는 제물로서 하늘에 쌓는 보화입니다. 성도의 나눔은 우리에게 큰 기쁨을 선사합니다. 그런 기쁨을 누리는 교회로 세워지길 주님의 이름으로 축원합니다. 그런데 바울의 자족과 그리스도인의 만족은 하루아침에 이루어지는 것이 아닙니다. 자족함을 위한 두번째 요소는 훈련입니다.

> 내가 궁핍하므로 말하는 것이 아니라 어떠한 형편에든지 나는 자족하기를
> 배웠노니 나는 비천에 처할 줄도 알고 풍부에 처할 줄도 알아 모든 일 곧 배부
> 름과 배고픔과 풍부와 궁핍에도 처할 줄 아는 일체의 비결을 배웠노라
> 빌 4:11-12

풍부와 비천이란 것은 사실 상대적 용어입니다. 누군가와 비교하여 풍부한 것이고 또 비천한 것입니다. 즉 풍부와 비천의 기준은 타인에게 달려있기에 비교 대상에 따라 늘 가변적입니다. 하지만 자족은 그 기준이 타인에게 있지 않습니다. 우리가 무엇을 가지고 있든, 가지고 있지 못하든 그것을 충

분하다고 여기는 것은 환경에 대한 그리스도인 자신의 태도이며, 그 기준이 자신입니다. 그렇기에 내가 변하지 않는다면 어떠한 형편에도 자족할 수 없는 것입니다. 그런데 이런 자족함과 만족함은 그냥 생기는 것이 아닙니다. 11절에서 '배웠노니'라고 합니다. 여기서의 '배우다'의 헬라어 원어는 '만나노'로서 '경험을 통해 배우다, 습득하다'란 뜻입니다. 삶을 통해 훈련이 필요합니다. 그런데 바울은 12절에서 또 다른 단어를 사용함으로써 그 훈련과 배움이 바로 신앙훈련이라는 것을 알려줍니다.

12절에서 '일체의 비결을 배웠노라'에서 '배우다'의 헬라어 원어는 11절의 '만나노'와는 다른 '뮈에오'라는 단어를 사용합니다. 이는 '성스러운 비밀을 가르치다'라는 의미로서, 낮은 단계의 신비로움에서 차츰 올라가 마침내 '신비' 자체를 완전히 소유한 사람들을 묘사하는 단어입니다. 즉 자족함의 훈련은 도덕적인 수련이 아니라 신앙의 성숙이며, 그리스도 안에서 성장하는 모든 그리스도인의 성화의 한 부분인 것입니다.

자족은 '그래, 자족하자!' 하면서 한번 마음먹는다고 이루어지는 것이 아닙니다. 조금씩 조금씩 시험을 거칠 때마다, 이러저러한 상황이 닥칠 때마다, 낮은 단계들을 참고 견디어 마침내 자족함이라는 비결이 자신의 것이 되는 것입니다. 오늘도 힘겨운 나날을 겪고 계신가요? 자족함이라는 성화의 단계를 밟고 있는 것입니다. 자족함을 배우고 훈련하는 과정을 기쁨으로 감당하는 저와 여러분이 되시기를 주님의 이름으로 축원합니다.

자족함과 만족함의 세번째 요소는 하나님을 향한 그리스도인의 신뢰입니다. 바울 사도는 하나님을 신뢰하기에 자족하는 법을 배웠습니다.

'능력' 을 일컫는 '뒤나미스' 에서 '다이너마이트' 라는 말이 나왔습니다. 그런데 이 다이너마이트와 같은 폭발력과 에너지는 바울 안에서 나온 것이 아닙니다. 우린 신앙생활에서 이점을 늘 명심해야 합니다. 우리는 우리 안에 내재된 것이 아닌, 다른 곳에서 유래된 능력으로 살아가는 사람들입니다. 하나님은 우리에게 날마다 다이너마이트와 같은 에너지와 능력을 주십니다.

또한 성경 본문에서 '안에서' 가 중요합니다. '내게 능력 주시는 자 안에 있을 때' 에만 능력이 있습니다. 이스라엘이 애굽에서 유월절 밤에 어린 양의 피를 바른 집 안에 피신해 있을 때, 그들은 '어린 양 안' 에 있었습니다. 그들은 그 안에 있을 때 어린 양의 죽음으로 말미암아 생기는 능력과 유익들을 생생하게 경험했습니다. 그들은 그 피 아래로 피했으며 그 피 안에서 생명을 구했습니다. 그 피 안에서 어린 양의 살을 먹었습니다.

그리스도인은 날마다 그리스도 예수의 숨기심과 보호하심 아래, 그 분의 피 아래 사는 자들입니다. 그 피 아래에서 날마다 그 분의 살을 먹고 사는 사람입니다. '그리스도 안에' 라는 이런 관계를 누리려면, 마치 병아리가 보호를 받으려 어미 닭에게 달려가듯이 하나님에게로 달려가야 합니다. 그리스도 예수를 늘 의식하고 과연 내가 그 안에 거하고 있는지 주의를 기울여야 합니다. 주님을 신뢰한다는 것은 주님 안에서 구원을 받았다는 믿음의 신앙고백입니다. 신뢰하기에 주님 안으로 피하는 것입니다. 주님 안으로 달려가지 않는 것은 믿음이 없다는 것과 다름없습니다.

나의 하나님이 그리스도 예수 안에서 영광 가운데 그 풍성한 대로 너희 모든 쓸 것을 채우시리라 빌 4:19

모든 것의 핵심은 '그리스도 예수 안에서' 입니다. 여기서 주목할 것은 예수 앞에 붙는 전치사가 헬라어 '디아', '통해서' 가 아니라, '엔', '안에서' 라는 점입니다. 하나님의 모든 풍성함은 예수 그리스도를 통하여 주어지는 것이 아닙니다. 예수 그리스도 자체가 하나님의 모든 풍성함입니다. 즉, 예수 그리스도는 하나님의 풍성한 복이 있는 곳이자 풍성함 그 자체입니다. 어린 양의 피 안에 있는 것, 곧 예수 그리스도 안에 있는 것이 모든 풍요로움과 함께 하는 것입니다. 바울의 자족은 오직 예수 그리스도 때문이며 예수 그리스도를 소유한 것이 모든 것을 소유한 것입니다.

하나님 곧 우리 아버지께 세세 무궁하도록 영광을 돌릴지어다 아멘 그리스도 예수 안에 있는 성도에게 각각 문안하라 나와 함께 있는 형제들이 너희에게 문안하고 모든 성도들이 너희에게 문안하되 특히 가이사의 집 사람들 중 몇이 니라 주 예수 그리스도의 은혜가 너희 심령에 있을지어다 빌 4:20–23

바울의 마지막 인사말입니다. 22절에서 특히 가이사의 집 사람들을 언급합니다. 가인사의 집 사람들이란 로마 황실 관원을 말합니다. 빌립보는 로마 식민지였기 때문에 로마의 정부 관리들이 그곳에 파견되었는데 그들 중 일부가 그리스도로 개종하고, 로마로 돌아온 사람들이 있었던 것입니다. 자신들이 신앙생활을 하였던 빌립보 교회에 안부를 전하는 것입니다. 가이사의 집 사람들이지만 하나님 나라의 시민된 자들이 가이사로 인한 기쁨이 아닌 그리스도로 인한 기쁨을 나누는 것입니다.

성도 여러분, 우리의 본향 하늘을 올려 보시기 바랍니다. 하늘 보좌에 앉아 다스리시는 주 예수 그리스도를 보시기 바랍니다. 그리고 이 땅을 보시기 바랍니다. 과거를 보시기 바랍니다. 그리스도의 십자가 구원을 보시기 바랍니다. 우리의 미래를 보시기 바랍니다. 다시 오시는 예수 그리스도를 보시기 바랍니다. 현재를 보시기 바랍니다. 우리 마음이 어디에 놓여있는지 보시기 바랍니다. 예수 그리스도 안에서 만족하고 있는 우리 마음이 보이시나요? 하늘과 땅, 과거, 현재, 미래 모든 것이 예수 그리스도의 은혜입니다. 그 분만이 우리의 기쁨입니다.

'주 예수 그리스도의 은혜가 너희 심령에 있을지어다', 바울의 축사입니다. 부디 저와 여러분, 모든 성도님들의 심령에 우리의 기쁨이신 예수 그리스도의 은혜가 넘치도록 있기를 주님의 이름으로 축원합니다.

말씀으로 기도

1. 스스로를 돌아보길 원합니다. 과연 우리 안에 자족함이 있는지 돌아보길 원합니다. 성도들을 향한 넉넉함이 있는지 돌아보기를 원합니다. 또한 과연 자족의 훈련을 기쁘게 감당하고 있는지 돌아보기 바랍니다. 자족은 만족의 기준을 타인에게서 더 이상 찾지 않는 것부터 시작입니다. 다른 사람과 비교하며 살았던 부분이 있다면 돌이키길 원합니다. 마지막으로 진심으로 하나님을 신뢰하는지, 정말 믿음이 있기는 한 것인지

자신을 돌아보길 원합니다. 우리의 믿음 없음을 회개하며 날마다 모든 일에 하나님을 신뢰하는 마음을 부어 달라고 기도합시다.

2. 성도들을 위해 중보합시다. 각자가 기억나고 생각나는 성도들의 이름을 부르며 기도하였으면 좋겠습니다. 마지막 시간입니다. 예수 그리스도의 이름으로 축복하는 기도를 하였으면 좋겠습니다. 첫 시간 성도를 세우는 기도를 하였는데, 오늘 마지막 시간에 그 성도를 축복하기 원합니다. 특히 바울의 마지막 인사로 축복하며 기도하기를 원합니다. 주 예수 그리스도의 은혜가 성도들 각자의 심령에 있기를 축복하며 기도합시다.

3. 교회를 위하여 기도합시다. 교회가 온전히 예수 그리스도 어린 양의 피 아래에 놓이길 기도합시다. 그 어떤 세상 가치도 쫓지 않고 오직 예수 그리스도만 쫓는 교회, 예수 그리스도의 풍요로움에 거하는 교회되게 해 달라고 기도합시다. 각 교회의 주일예배, 수요예배, 목요기도회, 금요기도회, 새벽예배가 늘 예수 그리스도 안에서 풍요로움을 누리는 예배가 되게 하여 달라고 기도합시다. 그리하여 풍성하신 예수 그리스도를 세상에 전하는 교회가 되게 해달라고 기도합시다.